经 济 高 质 量 发 展 研 究 书 系

中国经济发展方式转变的
时空演化格局及其形成机制研究

Spatial-Temporal Evolution Characteristics and Formation Mechanism of
China's Economic Development Mode Transition

熊升银 ○ 著

西南财经大学出版社
Southwestern University of Finance & Economics Press
中国·成都

图书在版编目(CIP)数据

中国经济发展方式转变的时空演化格局及其形成机制研究/熊升银著.—成都:西南财经大学出版社,2021.4
ISBN 978-7-5504-4613-7

Ⅰ.①中…　Ⅱ.①熊…　Ⅲ.①中国经济—经济发展模式—研究
Ⅳ.①F120.3

中国版本图书馆 CIP 数据核字(2020)第 206712 号

中国经济发展方式转变的时空演化格局及其形成机制研究

ZHONGGUO JINGJI FAZHAN FANGSHI ZHUANBIAN DE SHIKONG YANHUA GEJU JI QI XINGCHENG JIZHI YANJIU

熊升银　著

责任编辑:李才
封面设计:何东琳设计工作室
责任印制:朱曼丽

出版发行	西南财经大学出版社(四川省成都市光华村街55号)
网　　址	http://www.bookcj.com
电子邮件	bookcj@swufe.edu.cn
邮政编码	610074
电　　话	028-87353785
照　　排	四川胜翔数码印务设计有限公司
印　　刷	郫县犀浦印刷厂
成品尺寸	170mm×240mm
印　　张	12
字　　数	209 千字
版　　次	2021 年 4 月第 1 版
印　　次	2021 年 4 月第 1 次印刷
书　　号	ISBN 978-7-5504-4613-7
定　　价	68.00 元

序

新中国成立以来，实现中华民族伟大复兴的强国梦，一直激励中国人民在经济发展道路上努力奋斗、自强不息，我国由此取得了举世瞩目的伟大成就。毛泽东时代，我国在"一穷二白"的基础上建立了独立的、比较完整的工业体系和国民经济体系（叶剑英，1979），"与德国、日本和俄国等几个现代工业舞台上的后起之秀的工业化最剧烈时期相比毫不逊色"，是"全世界所有发展中国家和主要发达国家在同一时期取得的最高增长率"（迈斯纳，1979）。改革开放以来，中国经济更是插上腾飞的翅膀，"发展才是硬道理"（邓小平，1992）下的 GDP 曾长期保持高速增长，甚至在 2010 年超过日本成为世界第二大经济体并保持至今，给世界留下了极为震撼的深刻印象。

但毋庸讳言，中国经济在发展进程中也面临不少矛盾和困惑，一度时期粗放式的经济发展方式也给经济发展本身带来诸多伤痛和被动。我们过去长期依靠资本密集型、劳动密集型的粗放型增长方式，以投资、消费、出口"三驾马车"拉动 GDP 增长的动力模式，带来基础设施和房地产投入的大力扩张，资源耗费、能源消耗和环境污染的不断攀升和加剧，使经济增长陷入有量而质不高的怪圈（王学义，2015）。为此，我们也试图转变经济发展方式，从中央1995 年提出粗放型向集约型增长方式转变，到 2007 年提出以"三大结构"转变为核心的发展方式转变，再到 2009 年提出以"八个加快"为核心的发展方式转变（相伟，2011）。目标在于转换增长动力，依靠生产要素优化组合，通过技术进步、加大人力资本投资、提高劳动者素质、工业化与城市化互动等创新驱动实现经济健康可持续发展。但这些政策措施仍未能真正使经济发展转到效率型、质量型并重的轨道上来。

进入中国特色社会主义新时代，"体制和经济发展方式进入了新的转换期，主导经济发展速度、质量和可持续性的力量已经由需求侧为主转向供给侧为主"（方福前，2016）。因此，"在适度扩大总需求的同时，着力加强供给侧结构性改革，着力提高供给体系质量和效率，增强经济持续增长动力"的供给侧结构性改革（习近平，2015），实现质量变革、效率变革和动力变革，成为中国经济高质量发展政策构架中经济发展方式转变的新阶段、新目标。从经济学意义上讲，"经济发展方式是达到一定经济发展目标的实现路径和模式"（李书昊，2019）。严肃检省起来，曾经30余年"数量速度型"的经济发展路径和模式，造成有效供给不足、发展不平衡、投入产出低下、创新能力不强、环境约束趋紧、持续性缺乏等问题（申田 等，2018），严重制约着我国经济向高质量发展路径转换。依据党的十九大精神，转变经济发展方式是适应中国经济迈向高质量发展阶段的必然要求和必由之路，必须把握好新时代赋予经济发展方式转变的新要求，努力实现中国经济发展方式转变质量的提升。

目前，中国经济发展方式转变再次成为新时代研究热点，这对繁荣经济发展方式研究，推动中国经济动能转换、结构优化，提高竞争力等具有积极意义。由于经济发展方式转变总是在一定时间、一定空间发生，并且存在时空差异，而这种时空差异又是地区禀赋、区域经济发展水平、区域发展政策差异共同作用形成的结果，这对经济发展方式转变本身和经济发展都具有重大影响，因而从时空演化及其形成机制视角研究经济发展方式转变的成果开始受到学界关注。但令人遗憾的是，这类研究成果依然偏少，尤其是结合高质量发展国家战略，从多视角、多维度、多层次、多方法阐释中国经济方式转变的时空演化格局及其形成机制的理论成果更是少之又少，前瞻性、创新性、科学性、系统性的理论构建显得有些滞后。令人欣喜的是，西南财经大学中国西部经济研究中心理论经济学毕业的青年学者、副教授熊升银博士，其即将付印的《中国经济发展方式转变的时空演化格局及其形成机制研究》，就是一部富有瞻性、创新性、科学性、系统性和富有新时代特色的学术专著。具体而言，该专著至少有以下四大方面的显著特点：

其一，时代感强、主题明确、主线清晰、结构合理、内容翔实、论证严谨。以习近平新时代中国特色社会主义经济思想为依据，以经济发展方式转变的"理论构建—转变评价—时空格局—形成机制"为逻辑主线，构建新时代经济发展方式转变的测度体系，利用二次加权的"纵横向"拉开档次动态评价法，对我国及各省域经济发展方式转变水平进行动态评价，从理论和实证两方面探讨了其时空演化格局的形成机制。进一步分析和探讨了中国经济发展方式转变水平的影响因素及其作用机制，提出了推进中国经济发展方式转变的对策建议。

其二，依据充分的文献和政策梳理、基础理论总括，对中国经济发展方式转变的理论探讨耐人寻味。从经济发展的含义与本质出发，在界定经济发展方式的一般内涵与类型基础上，重点阐释了融入新时代经济社会发展内涵、目标任务的经济发展方式转变的历程、内涵与特征，深入剖析了经济发展方式转变的外部性问题及理论推论，以外部性理论为基础阐释了经济发展方式转变的基本逻辑。尤其是建立了"新时代经济发展方式转变"这一涵盖高质量发展述求的特定范畴，并赋予特定内涵：经济增长稳定是其基础形态，创新驱动是其核心依托，市场机制完善是其有效途径，经济结构优化是其内在要求，绿色发展是其普遍形态，资源高效利用是其表现形式，人民生活美好是其价值导向。进而拓展了中国经济发展方式转变的理论认知。

其三，基于新时代高质量发展要求所构建的经济发展方式转变测度指标体系及其应用评价令人印象深刻。指标构建根据新时代经济发展方式转变内涵，确立目标层（经济发展方式转变水平）、领域层（经济增长稳定、创新驱动发展、市场机制完善、经济结构优化、绿色发展、资源高效利用、人民生活美好）、系统层（23个层级）、指标层（32个指标）以及指标衡量方式。同时，利用指标动态评价了中国31个省域的经济发展方式转变水平，划分了三大转变类型并得到中国经济发展方式转变水平不均衡、呈现由东部地区向西部地区梯度降低趋势等结论。特点是指标系统而全面，具有新颖性、代表性，适用性强，评价结果也具有较强可转化性。

其四，重视定量研究，模型方法掌握和应用熟练，尤其是通过空间立体刻画较为准确地呈现了中国经济发展方式转变的空间演化格局或特征。研究以"时间和空间"为切入点，在描述2007—2018年中国经济发展方式转变总体动态时序变化特征、各维度时序变化特征和时间序列差异变动特征基础上，运用新经济地理理论以及探索性空间数据分析法（ESDA）、标准差椭圆法（SDE）、莫兰指数（Moran's I）等方法，清晰刻画、解释了中国经济发展方式转变的总体空间分异特征、空间集聚特征和空间演变轨迹特征，并利用灰色动态模型对未来空间分布格局趋势进行了预测。这极大增强了成果科学性、解释力和影响力。

当然，本书是一部创新探索之作，既然创新探索，就必定有所不足，甚至存在错误。我认同本书作者的看法，关于新时代中国经济发展方式转变的评价指标、转变案例研究、研究尺度选取、区域性变动趋势预测以及时空演化格局形成机理等有待深入剖析和完善。尽管如此，瑕不掩瑜，本书仍不失为一项优秀的研究成果。我作为熊升银博士的导师，熟知他具有执着的学术追求和远大的抱负，也具有经济学、管理学、区域科学、空间计量等扎实的理论功底和应用能力。该成果是在其博士学位论文基础上进一步丰富、完善所形成的，我对于他的著作公开出版感到由衷地高兴。我相信熊升银博士一定能百尺竿头，更进一步，向科学的高峰继续攀登。

是为序。

西南财经大学教授、博士生导师　王学义
2020 年 12 月于光华园

前　言

2007 年党的十七大首次提出"转变经济发展方式"概念后，引起了学术界的广泛关注，也得到了实际工作者的热烈响应。长期以来，党和国家着力推动经济发展方式的转变，坚持质量第一的发展原则，把经济总量增长和质量提升紧密结合。笔者深信，转变经济发展方式，将"高质量"作为第一追求，是非常有研究价值的课题。经济发展方式转变研究的当务之急是深化理论研究的创新和加速实证研究方法的突破。深化理论创新是加速理论成长的需要，科学的实证方法是推动理论转化为实践的前提，二者相辅相成。

本书的主要内容共有三个方面：一是基于习近平新时代中国特色社会主义思想，构建包括经济增长稳定、创新驱动发展、市场机制完善、经济结构优化、绿色发展、资源高效利用、人民生活美好七个子系统的经济发展方式转变测度体系，然后运用"纵横向"拉开档次法对中国及各省域 2007—2018 年经济发展方式转变水平进行横向和纵向动态评价。二是基于评价结果，从时间维度揭示了中国经济发展方式转变的总体、分维度及时间序列差异变化特征；从空间维度揭示了中国经济发展方式转变的空间分异、集聚特征、演变轨迹，并对未来至 2050 年前的空间分布格局趋势进行预测。三是利用新经济地理学理论探讨经济发展方式转变的时空演化形成的宏观和微观因素，构建空间面板数据模型对其影响因素做出验证与分析，进一步揭示经济发展方式转变时空演变格局形成机制。

完成这样的研究非常不易。笔者自 2017 年开始对经济发展方式转变进行研究，到现在已有三年多的时间。其间该研究成果得到了多次展示的机会，得到了相关领域专家和政府部门的高度认可，同时我也有幸听取了他们的宝贵建议，得到了丰富的启迪。漫长的研究和反复的修改，让我有了更深入思考的机会，使得对理论的思考更加深入，对实证方法的设计更加严谨，整个研究成果更加成熟。本书是一本关于经济发展方式转变的理论和实证研究的专著，希望本书的理论观点和实证方法，能够对经济研究学者的理论研究和实证分析有一定的参考价值，也能够为政府相关部门制定加快经济发展方式转变、促进经济高质量发展的战略、规划和政策提供理论和实践的参考依据。

受笔者水平所限，书中不妥之处在所难免，诚望读者指正。

熊升银

2020 年 12 月

目　录

1 绪论

1.1 问题的提出

转变经济发展方式在我国经济发展历程中占有重要战略位置，历来引起党和政府的高度重视。2007 年党的十七大报告首次提出，要把转变经济发展方式作为我国现阶段经济发展的重要议题。[①] 2012 年党的十八大报告指出，要围绕转变经济发展方式主线，不断提高经济发展质量和效益。[②] 2017 年党的十九大报告更将建设现代化经济体系确定为转变经济发展方式的整体战略目标，指出"我国经济已由高速增长阶段转向高质量发展阶段"，要积极转变经济发展方式，推动经济高质量发展。[③] 2018 年中央经济工作会议指出，我国经济的目标就是要推动质量变革、效率变革、动力变革。2020 年中央经济工作会议指出，要着力推动高质量发展，坚持质量第一，效益优先，全面提高经济整体竞争力。由此可见，持续推动我国经济高质量发展、实现中国经济提质增效，成为当前乃至未来一种全新发展共识。转变经济发展方式则是中国经济由高速增长转向高质量发展的必由之路，这由此成为本研究的缘起。

党对转变经济发展方式规律性的认识不断深化，不仅从理论上表明加快经

---

① 胡锦涛. 高举中国特色社会主义伟大旗帜 为夺取全面建设小康社会新胜利而奋斗——在中国共产党第十七次全国代表大会上的报告（2007 年 10 月 15 日）［M］. 北京：人民出版社，2007.

② 胡锦涛. 坚定不移沿着中国特色社会主义道路前进 为全面建成小康社会而奋斗——在中国共产党第十八次全国代表大会上的报告（2012 年 11 月 8 日）［M］. 北京：人民出版社，2012.

③ 习近平. 决胜全面建成小康社会 夺取新时代中国特色社会主义伟大胜利——在中国共产党第十九次全国代表大会上的报告（2017 年 10 月 18 日）［M］. 北京：人民出版社，2017.

济发展方式转变是我国经济社会发展面临的重大战略任务，也从实践探索层面对国民经济的未来发展做出了新规划。回顾改革开放四十年的发展历程，我国经济发展方式转变大体可以划分为四个阶段：第一阶段（1978—1992年），主要依靠生产要素投入增加的粗放型发展方式；第二阶段（1993—2001年），主要依靠全要素生产率（Total Factor Productivity，TFP）提高和要素投入增加并行的发展方式；第三阶段（2002—2011年），主要依靠投资和出口拉动经济增长的发展方式；第四阶段（2012年至今），是发展方式向TFP提高、以人为中心、可持续发展和创新驱动转变的高质量发展阶段。我国在加快经济发展方式转变实践上的每个阶段都取得了明显成效。尤其是改革开放40年来，我们摆脱了积贫积弱的地位，走上了富强之路，中国经济健康、快速和可持续发展，成为世界第二大经济体。2019年年底，我国经济总量超过90万亿元，已迈入中等偏上收入国家行列。中国经济的信心和底气十足，供给侧改革持续深化，"十三五"规划主要指标进度符合预期，三大攻坚战取得关键进展，生态环境质量总体改善，人民生活质量继续提高，正朝着"十三五"规划完美收官和2020年全面建成小康社会的目标奋进。然而中国在加快转变经济发展方式进程中也遇到一系列问题，主要表现在以地方政府GDP增长为核心的官员晋升激励、财税、价格机制等不利于经济发展方式转变，使得地方政府官员为了自身利益，经济发展方式更多锁定在"数量速度型"的发展路径上，从而造成有效供给不足、发展不平衡、投入产出低下、自然环境破坏、创新能力不强、环境约束趋紧、持续性缺乏等问题。

鉴于此，加快经济发展方式转变不仅是我国当前经济发展的重要战略，也是中国经济由"量的积累"到"质的转变"的重要保障，贯穿了经济、社会发展全过程。那么，在中国特色社会主义已经进入新时代背景下，经济发展方式转变又被赋予了什么新的内涵？如何构建适用于新时代的更加全面的中国经济发展方式转变测度体系？2007年以来，经济发展方式转变进程究竟如何？其时空演化呈现什么特征？是什么原因导致了经济发展方式转变的时空格局？影响机制是什么？如何加快经济发展方式转变，推动经济高质量发展，进而不断健全和完善国家经济治理体系？理清诸如此类的问题，不但有助于破解当前人口、资源、环境与经济社会协调可持续发展的困境，而且能够完善国家经济治理体系和助推经济高质量发展预期效果的早日实现。

1.2 研究背景和研究意义

1.2.1 研究背景

（1）转变经济发展方式是适应中国经济迈向高质量发展阶段的必然要求。党的十九大报告提出，我国经济已由高速增长阶段转向高质量发展阶段。改革开放以来，虽然我国经济增长质量显著提高，但依然远离高质量发展目标。进入 21 世纪，我国的要素配置和经济发展效率提高更加明显。2018 年全要素生产率（TFP）对经济增长的贡献率上升到 42.5%，劳动的贡献率下降到 51.8%，资本的贡献率下降到 5.7%，表明中国经济发展已由依靠增加要素投入转向更多依靠提高全要素生产率（图 1-1）。进入新时代，经济发展方式与过去发展最大的区别就是质量和效益，由此开始了由"数量追赶"转向"质量追赶"的新阶段。转变经济发展方式无疑成为适应中国经济迈向高质量发展阶段的必然要求，因而必须逐步由粗放的发展模式向集约的发展模式转变。一方面，转变经济发展方式的着力点在于摒弃以数量指标衡量增长的传统，促进中国经济的转型升级，大力推进信息化、智能化、绿色化和服务化；更加注重经济发展的质量，打破 GDP 政绩锦标赛驱动机制；更加注重提高居民的生活质量，努力减少贫富差距、地区差距和城乡差距，让全体人民共享经济发展成果。另一方面，当前我国经济发展面临的环境、条件、任务、要求都在发生新变化，这就要求我们必须在转变经济发展方式上取得新突破，必须追求经济可持续发展，实现绿色发展，减轻经济增长对资源和环境的压力，促进经济发展和生态环境保护协同共生。因此，经济发展方式转变能力的强弱决定着能否顺利转向更有效率、更可持续、更加公平和更具创新的发展方式，进而决定着能否实现经济高质量发展。

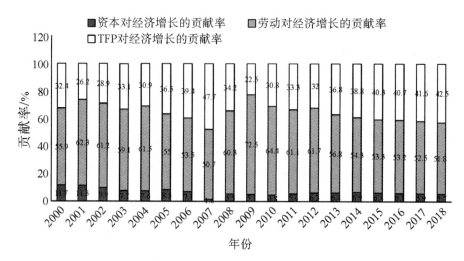

图例（图顶）：
■ 资本对经济增长的贡献率　　■ 劳动对经济增长的贡献率
□ TFP对经济增长的贡献率

注：因四舍五入，部分年份各贡献率合计数与100%略有出入。

图 1-1　经济增长的要素投入结构

（资料来源：国家统计局网站整理）

（2）转变经济发展方式是应对资源和环境条件约束的战略选择。根据党的十九大报告提出的发展规划，我国到 2035 年要基本实现社会主义现代化，到 2050 年要全面实现社会主义现代化。然而在经济增长中，我国长期存在高投入、高能耗、高污染的粗放型现象，使得我国资源约束、环境污染等问题十分突出，逐渐成为制约我国经济迈向高质量发展的瓶颈。一方面，我国人口众多，人均资源相对不足这个基本国情一直没变，资源不足与人口增长之间的矛盾突出。特别是我国的石油、淡水、耕地、铁矿等重要战略资源的人均占有量比较低。例如，我国淡水资源总量约为 2.8 万亿立方米/年，人均占有量仅为世界人均水量的 1/4；我国现有耕地 20.25 亿亩（1 亩 ≈ 666.67 平方米，下同），而人均小于 1.5 亩。[①] 国际能源总署数据表明，早在 2010 年我国能源消费量最高，其一次能源消耗量就已经超过美国，而且近年来冶金、建材、化工等行业仍然消费大量的能源，单位 GDP 能源消耗偏高。另一方面，我国大气、水体、土壤等遭受污染，生态系统退化比较严重，我国二氧化碳排放量已位居世界第二，甲烷等温室气体的排放量居世界前列。《2018 中国生态环境状况公报》显示：汽油大量消耗，氮氧化物、一氧化碳等污染物急剧增加；雾霾污

---

① 刘治彦. 新时代中国可持续发展战略论纲 [J]. 改革，2018（7）：25-34.

染严重,全国338个地级及以上城市,空气质量超标的高达217个,占64.2%;471个监测降水的城市(区、县)中,出现酸雨的城市比例达到37.6%。因此,必须加快经济发展方式转变,推动高排放、高污染向循环经济和环境友好型经济转变,向生态化、集约化、质量化转变,促进经济转型和效率提高,才能从根本上突破资源、环境约束瓶颈,形成节约资源和保护环境的空间格局,实现"天蓝、地绿、水清"的美丽中国建设目标,进而实现人口、资源、环境与经济社会的健康、协调、可持续发展。

(3)转变经济发展方式是践行以人民为中心的发展思想的重要途径。党的十九大报告将"坚持以人民为中心"确立为新时代坚持和发展中国特色社会主义的基本方略之一,它是新时代价值向度的指示器。发展依靠人民,发展为了人民,不断保障和改善民生,特别是困难群众的基本生活得到有效保障,从而增进人民福祉。这是新时代"以人民为中心"发展思想的体现。习近平总书记强调:"要着力践行以人民为中心的发展思想,把实现人民幸福作为发展的目的与归宿。"[①] 转变经济发展方式要始终围绕这个归宿——人的发展。中国经济转型驱动力转化重点是建立以人民为中心的经济发展方式的思想体系,在经济发展方式转变过程中坚持以人民为中心,将促进人的全面发展作为经济发展和经济治理的出发点。促进人的全面发展是中国共产党执政为民的本质要求,将人民立场贯穿于经济社会发展各领域、各环节。然而传统经济增长模式下的动力源泉为要素和资本驱动,在这种增长方式下所形成的增长路径依赖、锁定效应和制度体系不利于以人为中心的发展,也无法形成中国经济转型的真正内生动力。因此,必须将满足人民多元化需求和促进人的发展作为中国经济转型的强大动力,将以人民为中心的发展思想体现在转变经济发展方式各个环节,才有利于加快走上生产发展、生活富裕、生态良好的文明发展道路,从而增进人民福祉。

(4)社会主要矛盾的变化为经济发展方式转变提供了更大的社会需求。当前我国社会主要矛盾已经转化为人民日益增长的美好生活需要和不平衡不充分的发展之间的矛盾。发展的不平衡不充分主要表现为发展质量和发展效益还不高,转变发展方式还不够深入,工农之间、城乡之间、区域之间发展不平衡。这表明

---

① 中共中央宣传部. 习近平总书记系列重要讲话读本(2016年版)[M]. 北京:学习出版社,2016:128.

现在我国经济发展问题不是产能不足及总量问题，而是结构性问题，而结构性问题必须依靠质量提升、效率变革、动力变革来解决。同时，人民日益增长的美好生活需要涵盖了人民群众的精神、物质、文化、社会等全方面，目前人民对衣、食、住、行的基本需求已经得到满足，而对美好生活需要更表现在对公平正义、青山绿水、公共产品与服务等的强烈需求，从而使高质量发展获得更大的发展动力。2020 年是全面建成小康社会和"十三五"规划完美收官之年。进入小康社会，意味着困扰中华民族几千年的绝对贫困问题将历史性地得到解决。从经济学意义上说贫困人口的减少同时意味着市场需求的增长。这个主要矛盾的变化从"落后的社会生产力"转化为"不平衡不充分的发展"，就为经济发展方式转变提供了更大的社会需求，即脱贫人口多元化、差异化的现实需求。因此，我国要针对目前发展不平衡不充分的问题，针对经济发展质量和效益不高的问题，加快经济发展方式转变，深刻反思传统发展路径、发展模式的局限，推动经济发展从以数量扩张为主转向以质量提升为主，全面迈向解决不平衡不充分发展问题的新阶段，满足人民日益增长的美好生活需要。

1.2.2 研究意义

1. 理论意义

本研究涉及人口学、资源环境经济学、资源科学、发展经济学、环境科学、新经济地理学、管理学等学科，其理论意义在于：

（1）确立了适用于新时代更加全面的中国经济发展方式转变内涵与测度体系，从而为更加科学评价我国经济发展方式转变水平、更加深入理解我国经济顺利转向高质量发展阶段奠定了理论基础。

虽然国内外学者对经济发展方式转变做了一些尝试性的系统评价，但对指标体系的构建缺乏权威标准，其测算结果亦截然不同。因此，本研究基于以新发展理念为主要内容的习近平新时代中国特色社会主义经济思想，确立了适用于新时代更加全面的中国经济发展方式转变内涵与测度体系。这对我国经济发展方式转变水平的科学评估、推动经济高质量发展进而实现社会主义现代化强国目标具有重要的促进作用。

（2）提出经济发展方式转变的外部性理论及提升经济发展方式转变水平的理论模型，为全面、协同提升不同省域经济发展方式转变水平提供理论依据。

通常，寻求提升经济发展方式转变水平路径对策，其科学性和可行性有待论证。为此，本研究从外部性视角试图建立地方政府行为影响经济发展方式转变的基本逻辑，为政府经济转型发展和晋升激励机制改革奠定基础。另外结合新时代经济发展方式转变测度体系包括的经济增长稳定、创新驱动发展、市场机制完善、经济结构优化、绿色发展、资源高效利用、人民生活美好7个维度，尝试性地提出提升经济发展方式转变水平的理论模型，以期为协同提升不同省域经济发展方式转变水平提供政策参考。

（3）探讨了中国经济发展方式转变时空格局演化的形成机制，丰富与发展了区域协调发展理论。

尽管我国经济发展方式转变的时空格局演化有着很深的历史、地理、经济、文化等多方面的根源，但国内外鲜有关于经济发展方式转变的时空演化问题的实证研究成果。故而，本研究在揭示经济发展方式转变的时空演化特征的基础上，根据新经济地理学理论探讨其时空演化的形成机制，这对优化经济发展方式转变的空间布局、促进区域良性互动和协调发展具有重要意义。

2. 实践意义

本研究的实践意义主要表现在以下几个方面：

（1）有利于丰富新时代中国经济高质量发展的内容体系。

中国经济发展方式转变涉及经济发展的驱动转换、运行约束、运行动态和福利分享等内容。就研究范畴而言，中国经济发展方式转变是经济高质量发展的子集，它从属于经济建设，是"五位一体"① 总体布局的重要部分；就研究层次而言，经济发展方式转变是将以人民为中心作为落脚点，而处于较高层次的经济、社会、生态文明建设，会形成对经济发展效益和质量提升的有益导向，也能够不断适应新时代的新挑战，从而为推进经济高质量发展的实现研究提供更开阔的思路。因此，能够在一定程度上丰富和拓展中国经济高质量发展的内容体系。

（2）有利于从新经济地理学视角对经济发展方式转变的实证探索与理论应用。

经济地理学揭示了区域经济的差异和经济区域之间的相互依赖性，而经济发展方式转变涉及地理布局、资源环境、产业结构、经济发展、人民生活等一

---

① 五位一体：经济建设、政治建设、文化建设、社会建设、生态文明建设全面推进。

系列问题。现有文献鲜有对经济发展方式转变时空演化格局的形成机制进行理论分析和实证检验的。为此，本研究从新经济地理学视角探讨了省域间经济发展方式转变的时空特征和形成机制。这为从新经济地理学视角探讨诸如农业、工业等方面的经济发展方式转变问题研究提供了可资借鉴的思路。

（3）有利于为加快经济发展方式转变，促进区域协调发展，进而推动经济高质量发展，提高国家经济治理能力，提供良好对策。

进入新时代，中国经济发展方式转变被赋予新的要求和内涵，而经济高质量发展是以习近平同志为核心的党中央对中国经济历史新方位做出的科学判断。从这个意义上说，加快转变经济发展方式是促进经济高质量发展的重要手段。评估中国经济发展方式转变水平，寻找导致经济发展方式转变水平整体偏低的内在原因，揭示经济发展方式转变时空演化特征及形成机制，探索加快经济发展方式转变的基本途径，从多个层面研究和制定有利于经济高质量发展的对策，从而更好助推我国经济高质量发展，提高国家经济治理能力——此亦为本研究的目的所在。

1.3 研究思路、布局与方法

1.3.1 研究思路

本研究以经济发展方式转变的"转变评价—时空格局—形成机制"为逻辑主线，基于多层次、多学科、多维度，试图探析我国经济发展方式转变的时空演化格局及其形成机制，进而找出对策。本研究的具体思路为：首先，梳理本研究国内外相关文献、研究前沿信息及理论基础，在此基础上构建本研究的理论分析脉络。其次，以习近平新时代中国特色社会主义经济思想为依据，构建了适用于新时代的更加全面的经济发展方式转变测度体系，并利用二次加权的"纵横向"拉开档次动态评价法，对在研究期内我国及各省域经济发展方式转变水平进行了动态评价。再次，采用探索性空间数据分析等方法揭示了研究期内各省域经济发展方式转变的时空格局及动态演变特征，继而从理论和实证两方面探讨了其时空演化格局的形成机制。最后，基于前文分析，提出研究结论、政策建议和研究展望。

1.3.2 研究布局

依据"问题提出—理论分析—实证分析—结论启示"的思路,将本研究内容分为 7 章。各章节主要内容安排如下:

第 1 章,绪论。从党对转变经济发展方式规律性的认识视角,揭示研究的缘起,引出当前亟待解决的现实问题。在此基础上,全面阐述研究选题背景,剖析研究的理论意义和实践意义;同时归纳本研究的基本思路、方法、主要内容及可能的创新之处。

第 2 章,文献综述与相关理论基础。一方面,厘清国内外关于经济发展方式转变的相关成果及研究趋势,并展开文献述评。另一方面,对可持续发展理论、习近平新时代中国特色社会主义经济思想、经济发展理论、新经济地理学等理论基础进行梳理与评价,为后续研究提供必要的理论支撑。

第 3 章,中国经济发展方式转变的理论探讨。基于已有成果,结合研究目的,对经济发展概念、本质,经济发展方式概念、类型进行了界定和阐述,进而依据以新发展理念为主要内容的习近平新时代中国特色社会主义经济思想,提炼适应新时代发展要求的经济发展方式转变内涵,并归纳其特征;通过解析经济发展方式转变的外部性问题及尝试性进行理论推论,构建本研究的理论分析脉络。

第 4 章,中国经济发展方式转变的测度体系构建及评价。基于新时代中国经济发展方式转变内涵的逻辑主线,构建包括经济增长、创新驱动、市场机制、经济结构、绿色发展、资源高效、人民生活 7 个子系统在内的经济发展方式转变测度体系,然后运用"纵横向"拉开档次法对中国及各省域 2007—2018 年经济发展方式转变水平进行了横向和纵向动态评价及分析。

第 5 章,中国经济发展方式转变的时空格局及动态演变研究。基于评价结果,从时间维度揭示了中国经济发展方式转变的总体、分维度及时间序列差异变化特征,从空间维度揭示了中国经济发展方式转变的空间分异、集聚特征、演变轨迹,并对未来至 2050 年前的空间分布格局趋势进行预测。

第 6 章,中国经济发展方式转变时空演化格局的形成机制分析。利用新经济地理学理论探讨经济发展方式转变的时空演化形成的宏微观因素,构建了演化格局形成机制的理论分析框架,然后构建空间面板数据模型对其影响因素做出验证与分析,进一步揭示经济发展方式转变时空演变格局形成机制。

第 7 章，研究结论、政策建议和研究展望。对研究结论进行总结、提出政策建议并提出进一步研究的展望。

1.3.3 研究方法

本研究综合运用人口、资源与环境经济学、人口学、资源科学、发展经济学、环境科学、新经济地理学、管理学等多个学科知识和方法展开。在研究过程中综合采用定性与定量、静态与动态、理论研究与实证分析相结合的研究手段，注重多种研究方法的综合运用。

1. 文献归纳法

采用中国知网（CNKI）、国家统计局网站、各类统计报告、中国经济数据库（CEIC）收录的文献、数据等，对本研究的相关主题进行梳理、归纳、总结，以便明确该领域的研究现状、热点和发展趋势等，为本研究奠定良好的理论基础。

2. 综合分析法

综合分析法是经济学中常用的一种研究方法。本研究综合分析法的应用主要体现在以下方面：一是本研究归纳提炼适应新时代要求的经济发展方式转变内涵。二是从时间维度、空间维度对经济发展方式转变的动态演变及差异进行系统归纳和分析。时间维度包括在研究期内时间序列演变的历程、阶段特征等；空间维度包括不同省域空间分异、集聚、演变趋势等特征。三是从自然地理、经济、社会、制度等方面归纳、对比分析对经济发展方式转变时空格局形成机制影响的差异性。

3. 计量经济学方法

本研究依据研究内容的差异而采用不同的计量经济学分析方法。在 ARC-GIS、MATLAB 等软件分析的基础上，运用探索性空间数据分析法（ESDA）、标准差椭圆法（SDE）、灰色动态预测模型 GM（1，1）等进行相关空间分析；在对经济发展方式转变时空演化格局形成机制的理论推演基础上，通过改进的空间计量模型中的空间杜宾模型（SDM）对其影响因素做出实证检验。

1.3.4 技术路线图

本书技术路线如图 1-2 所示。

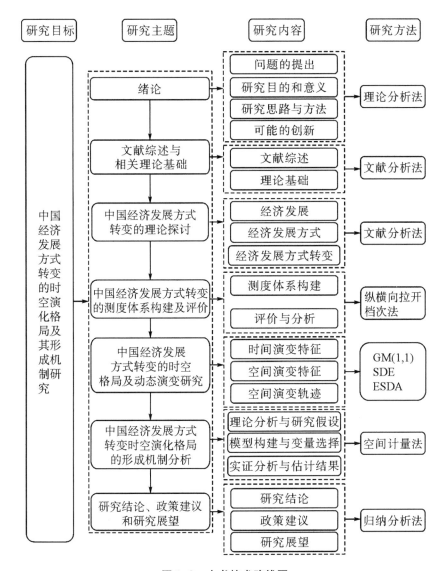

图 1-2 本书技术路线图

1.4 研究的可能创新

本书的可能创新在于以下几个方面：

（1）借助于 CiteSpace 可视化软件，从文献计量角度，分别对经济发展方式转变、经济发展方式转变的时空演化两大领域的研究热点、前沿、趋势等进行对比分析，一方面可以克服传统文献综述主观随意性较强的缺陷，另一方面能较为客观地明确本研究在国内外学术界所处的位置，从而确定了本书选题的创新性。

（2）通过综合考虑现阶段中国经济发展方式转变的实际问题，基于以新发展理念为主要内容的习近平新时代中国特色社会主义经济思想，从经济增长稳定、创新驱动发展、市场机制完善、经济结构优化、绿色发展、资源高效利用、人民生活美好 7 个方面较为科学地确立了适用于新时代经济发展方式转变的测度体系。进而，以外部性理论为基础，阐释了经济发展方式转变的基本逻辑，从而为更加准确地评价我国经济发展方式转变水平，以及为我国经济顺利转向高质量发展阶段奠定了理论基础。

（3）在评价经济发展方式转变水平的综合得分上，本研究提出了基于二次加权的动态综合评价方法。这既避免了传统静态评价方法（如德尔菲法、因子分析法、熵值法等）主观随意性强、评价结果难以跨期比较等的弊端，又有助于从历史的纵向比较和与其他省域的横向比较分析，增强对特定省域转变阶段判断的科学性，进而为探讨诸如农业等方面的经济发展方式转变问题的研究提供一定参考。

（4）现有文献很少从空间的角度展开关于经济发展方式转变的研究。本研究从空间经济学视角，揭示的中国经济发展方式转变的时空特征及动态演变规律还是一个比较前沿的课题。另外，结合新时代"三步走"战略安排，对未来至 2050 年中国经济发展方式转变的空间格局进行预测，不仅为新时代中国经济发展方式转变的科学认知提供启示，更为政府进一步推动经济高质量发展和提高国家经济治理能力提供科学的决策参考。

（5）在根据新经济地理学理论解读经济发展方式转变时空演化的形成机制上，本研究分别从宏观视角和微观视角提炼了影响经济发展方式转变时空演化的因素。特别从自然环境、经济、社会、制度等方面考察了经济发展方式转变时空演化的空间异质性，并从七个子系统方面构建了对经济发展方式转变水平的作用机制。同时将地理距离变量引入模型，消除模型内生性，并设置三种空间权重矩阵，更好检验了稳健性。

2 文献综述与相关理论基础

本章主要对与研究主题相关的文献和理论进行了梳理、归纳和评述，以期为未来研究提供理论基础与方法借鉴。首先回顾了国内外关于经济发展方式转变概念和内涵的不同理解；其次综述了关于经济发展方式转变的指标体系、评价方法、路径对策、时空格局形成的影响因素等；最后阐述了与本文密切相关的理论基础。

2.1 文献综述

在中国特色社会主义进入新时代背景下，对经济发展方式转变的理论研究更为重要。本章利用中国学术期刊网（CNKI）数据库，采用元分析法对与研究主题相关的文献和理论进行了梳理、归纳和评述。在具体概述国内外关于经济发展方式转变研究现状前，先进行与之相关研究的初步分析。以中国知网为文献信息获取平台，以"经济发展方式""经济发展方式转变""经济发展方式转变+时空""经济发展方式+形成机制"为主题，对 SCI 来源、EI 来源、CSSCI 来源的文献进行检索，时间跨度为 2000—2019 年，剔除增刊来源后，共获得适用于本研究的有效文献 313 篇。通过 CiteSpace 可视化软件展开文献计量分析，可以发现：

首先，关于"经济发展方式转变"这一主题研究的核心文献产出始于 2007 年（图 1-1）。究其原因，2007 年中共十七大首次明确提出"转变经济发展方式"概念，反映出学者们开始关注这一主题。2012 年，中国政府针对国民经济与社会发展做出了大量调整，中共十八大将生态文明建设纳入统筹推进"五位一体"总体布局中，推动了经济发展方式转变相关研究的发展与壮大，从而相关文献产出最多。

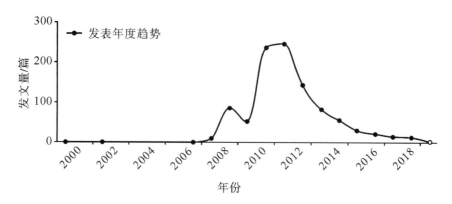

图2-1　2000—2019年以"经济发展方式转变"为主题的文献产出量（中文）

　　其次，对各相关主题的文献产出状况进行简要分析。在这相关主题下的269篇文献中提取的前30个关键词，构造其关键词网络结构图（图2-2）。可以发现"生态文明""发展效率""结构性改革""发展质量""高质量发展""中等收入陷阱""绿色发展"等是学者们长期研究的热点。这反映了学者们在转变经济发展方式的基本思路、评价体系、发展路径等诸多方面进行了深入研究，并取得了显著成果。

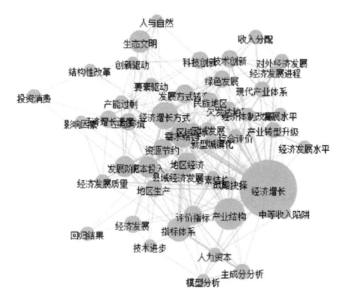

图2-2　经济发展方式转变主题下文献高频关键词网络图

最后，以"经济发展方式"+"时空"或+"形成机制"为主题进行检索得到的仅有以学者关皓明、翟明伟及高嵩为代表的3篇核心文献。这表明直接以经济发展转变的时空演化为主题的相关核心文献比较缺乏，也肯定了我们对本书选题展开深入研究的必要性。因此，下面将对经济发展方式转变相关研究的文献进行梳理。

2.1.1 经济发展方式转变的理论诠释

（1）经济发展方式的概念。虽然国外学者聚焦经济发展的理论学说较多，但"经济发展方式"这一用语在国外经济学文献中并不多见。国内学界关于经济发展方式概念的研究主要从以下三个方面进行。一是与经济增长方式相比较。例如，于学东①（2007）认为经济增长方式更多强调经济增长的数量，而经济发展方式更多追求经济增长的质量。二是在科学发展观指导思想下理解的特有内涵。例如，刘湘溶②（2009）认为经济发展方式是对经济增长方式的超越，是经济与人口、资源、资源与社会等关系的统一，体现了人本取向、生态化取向等科学发展理念。三是构成要素方面，例如，张连辉、赵凌云③（2011）认为经济发展方式是实现经济质量提升的经济发展模式、方式及手段，主要包括经济结构、收入分配、环境保护等结构性内容。总之，国内经济学界对经济发展方式概念的界定，认为包含了经济增长方式内容，但又不与经济增长方式相同，体现了思想和认识逐渐深化、实践到理念的系统建构过程。

（2）经济发展方式转变的内涵。关于经济发展方式转变内涵问题的研究，国外相关文献主要从发展经济学的角度分析如何转变经济发展模式（model of economic development）等方面。例如，代表性理论有 Lewis 在 1954 年发表的《劳动无限供给下的经济发展》一文中提出的"二元经济模型"④，以及 Hir-

---

① 于学东. 经济增长方式与经济发展方式的内涵比较与演进 [J]. 经济纵横，2007 (24)：84-86.

② 刘湘溶. 经济发展方式的生态化与我国的生态文明建设 [J]. 南京社会科学，2009 (6)：38-42.

③ 张连辉，赵凌云. 改革开放以来中国共产党转变经济发展方式理论的演进历程 [J]. 中共党史研究，2011 (10)：66-77.

④ LEWIS W A. Economic development with unlimited supplies of labour [J]. The Manchester school, 1954, 22 (2)：139-191.

schman①（1958）为代表的不平衡增长理论和 Rostow②（1960）的经济成长 6 个阶段理论等。随着社会经济发展，国外学者对经济发展方式转变内涵的研究具体化为经济结构转型、技术创新、包容发展等问题。例如，Krugman③（1994）认为从要素大量投入转向技术效率有利于经济增长。速水佑次郎等④（1999）认为粗放型经济增长主要依靠要素的积累，集约型经济增长则是基于全要素生产率的提高。Gries 和 Naude⑤（2010）认为在某种程度下企业家精神有利于促进经济结构的转型。Li⑥（2012）认为 1992 年后中国从粗放型发展转向集约型发展，依赖于全要素生产率的提高。

而国内学者的研究主要基于经济发展方式与经济增长方式转变的内涵比较视角。例如，有学者认为，相比而言经济发展方式转变的内涵更加丰富，更加强调经济质量的提升、经济结构的优化、生态环境与经济发展的全面性和协调性、社会自然的和谐等（刘世佳⑦，2007；周叔莲、刘戒骄⑧，2008；张蕴萍⑨，2009）。蒲晓晔、赵守国⑩（2010）认为要通过减少资源消耗、环境污染和资本要素投入，提高经济质量和促进经济健康可持续发展。张光辉⑪（2011）指出要依靠全要素生长率的提高来转变经济增长的方式，从而最大限

① HIRSCHMAN A O. The strategy of economic development［M］. New Haven：Yale University Press，1958：45-47.

② ROSTOW W W. The stages of economic growth［M］. Cambridge：Cambridge University Press，1960.

③ KRUGMAN P. The myth of Asia's miracle［J］. Foreign affairs，1994，73（6）：62-78.

④ HAYAMI Y，OGASAWARA J. Changes in the sources of modern economic growth：Japan compared with the United States［J］. Journal of the Japanese and international economies，1999，13（1）：1-21.

⑤ GRIES T，NAUDE W. Entrepreneurship and structural economic transformation［J］. Small business economics，2010，34（1）：13-29.

⑥ LI M. Structural change and productivity growth in Chinese manufacturing［J］. International journal of intelligent technologies and applied statistics，2012，5（3）：281-306.

⑦ 刘世佳. 加深对转变经济发展方式的理论认识［J］. 学术交流，2007（11）：1-6.

⑧ 周叔莲，刘戒骄. 如何认识和实现经济发展方式转变［J］. 理论前沿，2008（6）：5-9.

⑨ 张蕴萍. 转变经济发展方式的理论探索与现实对策［J］. 山东社会科学，2009（11）：119-121.

⑩ 蒲晓晔，赵守国. 关于近年来经济发展方式转变研究的观点述评［J］. 西北大学学报（哲学社会科学版），2010，40（2）：30-33.

⑪ 张光辉. 经济发展方式转变的逻辑内涵［J］. 现代经济探讨，2011（8）：18-22.

度降低经济增长的代价。黄家顺、邹沈青[1]（2014）认为要改变原有的以高投入、高能耗、高物耗、高污染、多占地为特征的"四高一多"式的粗放型增长模式，强调经济增长的提质增效。张旭[2]（2017）将转变经济发展方式具体化为供给侧结构性改革。申田等[3]（2018）认为经济发展方式的转变本质上在于利益格局的重新调整，必须实现地方政府自身利益与社会公众的经济社会利益相结合。高培勇等[4]（2019）认为"高质量发展"阶段主要依靠技术进步、效率驱动，实质也是一种经济发展方式的转变。由此可见，随着国家对加快经济发展方式转变的日益重视，学者们通过对经济发展方式和经济增长方式的辨析，进一步加深了学界从经济、社会、资源、环境等多层面的综合角度去理解经济发展方式的转变。

2.1.2　经济发展方式转变评价的研究

国外学者对经济发展方式转变水平的评价还未形成公认的方法。Solow[5]（1957）根据西方经济增长理论，选取全要素生产率（TFP）单指标度量技术进步、生产、组织创新等转变程度，这是最早关于经济发展方式转变的评价指标体系设计。此后，联合国可持续发展委员会（UNCSD）编制的可持续发展指标体系，使用了"驱动—状态—响应"（DSR）模型，从社会、自然资源与环境治理、经济发展、制度安排4个方面来评价人类社会的可持续发展性，细化为15类134项指标[6]；2000年，联合国189个成员国通过的"千年发展目标"（MDGs）共8类[7]21个具体指标，从经济、社会、环境的可持续发展衡

① 黄家顺，邹沈青. 转变经济发展方式的新内涵与新路径 [J]. 江汉论坛，2014（12）：12-16.

② 张旭. 从转变经济发展方式到供给侧结构性改革 [J]. 经济纵横，2017（3）：28-33.

③ 申田，马强文，严汉平. 经济发展方式转变的基本逻辑探讨 [J]. 西北大学学报（哲学社会科学版），2018，48（1）：105-111.

④ 高培勇，杜创，刘霞辉，等. 高质量发展背景下的现代化经济体系建设：一个逻辑框架 [J]. 经济研究，2019（4）：4-16.

⑤ SOLOW R M. Technical change and the aggregate production function [J]. The review of economics and statistics. 1957，39（8）：312-318.

⑥ UNSCD. Indicators of sustainable development：Framework and methodologies [R]. United Nations，1996.

⑦ 八项目标具体为：1. 消灭极端贫穷和饥饿；2. 实现普及初等教育；3. 促进两性平等并赋予妇女权力；4. 降低儿童死亡率；5. 改善产妇保健；6. 与艾滋病毒/艾滋病、疟疾和其他疾病做斗争；7. 确保环境的可持续能力、扭转环境资源的损失；8. 建立促进发展的全球伙伴关系。

量人类社会发展。Porter 和 Purser①（2008）根据美国实际情况构建了国家层面的人类发展指数（HDI）。José 等②（2012）从自然环境、就业、健康、教育、平等等 10 个维度构建了社会经济发展水平综合指数。Gheorghe 和 Zizi③（2014）构建了经济发展指数，主要包括人均 GDP、受教育程度、劳动生产率、预期寿命等维度。Yao④（2015）测算出 1993 年以来中国整体的 TFP 在逐年增长，但 2008 年后中国整体 TFP 开始下降。2016 联合国颁布的《2030 年可持续发展议程》⑤ 与经济发展方式转变评价息息相关，主要从消除贫困、环境治理、经济社会发展等 17 个方面评价人类社会可持续发展。总体而言，国外关于转变的测度评价还处于探索之中，对经济发展方式转变一词提法较少，更多学者强调经济集约型、内涵式增长方式等问题。

相比而言，国内学者对经济发展方式转变评价的研究较为深入，也取得了相当成果。国内定量研究始于 2009 年中国国际经济交流中心对全国及各省区转变经济发展方式评价指标体系的研究，主要包括城乡一体化、需求结构、经济社会发展水平、产业结构、要素投入效率等 7 类指标。⑥ 李玲玲、张耀辉⑦（2011）建立了以经济增长、发展动力、资源环境支持、发展成果为基本框架的指数化评价体系，并评价了我国 2000—2009 年经济发展方式的变化情况，

① PORTER J R, PURSER C W. Measuring relative sub-national human development：An application of the United Nation's human development index using geographic information systems ［J］. Journal of economic & social measurement，2008，33（4）：253-269.

② MARTIN J A R, MOLINA M D M, HFERNÁNDEZ J A S. An index of social and economic development in the community's objective-1 regions of countries in Southern Europe ［J］. European planning studies，2012，20（6）：1059-1074.

③ GHEORGHE Z, ZIZI G. A new classification of Romanian counties based on a composite index of economic development ［J］. Annals of the University of Oradea economic science，2014，23（1）：217-225.

④ YAO Z. Productivity growth and industrial structure adjustment：An analysis of China's provincial panel data ［J］. Chinese economy，2015，48（4）：253-268.

⑤ 联合国. 变革我们的世界：2030 年可持续发展议程［R/OL］.（2016-01-13）［2020-07-27］.http://www.fmprc.gov.cn/web/ziliao_674904/zt_674979/dnzt_674981/xzxzt/xpjdmgjxgsfw_684149/zl/t1331.shtml.

⑥ 张焕波，张永军. 转变经济发展方式评价指数研究 ［J］. 中国经贸导刊，2010（4）：18-19.

⑦ 李玲玲，张耀辉. 我国经济发展方式转变测评指标体系构建及初步测评 ［J］. 中国工业经济，2011（4）：54-63.

研究表明我国经济发展方式已发生转变。何菊莲、张轲、唐未兵[①]（2012）构建了经济、社会、人与自然关系的协调和人本身的发展4个维度的指数评价体系，并据此评价了研究期内我国经济发展方式转变进程。王新民、薛琳[②]（2013）在界定经济发展方式转变内涵基础上，构建了经济结构、自主创新、城乡统筹、人和自然协调发展4维指标体系，利用AHP法对研究期内福建省县域经济发展方式转变水平进行了客观评价。曾铮、安淑新[③]（2014）通过对转变经济发展方式内涵、路径和方向的研究，提炼了关于经济发展方式转变评价指标体系，主要包括需求、产业、要素、城乡和资源环境结构的五个构成要素，并运用因子分析法测评了2007—2011年我国地方经济发展方式转变的综合评价指数。陈志刚、郭帅[④]（2016）基于转变内涵，建立了需求、投入、产业、城乡4维结构的经济发展方式转变评价指标体系，利用模糊综合评价模型对1995—2013年中国整体，以及2013年中国分省经济发展方式转变进程进行测度。高嵩等[⑤]（2017）基于经济发展方式的转变目标、转变动力、转变约束和转变成果的逻辑顺序构建指标体系，对东北振兴战略实施以来的2003—2015年吉林省经济发展方式的转变幅度及发展质量进行了测评。姚姿臣[⑥]（2018）基于经济发展、社会发展、资源环境、发展成果4个方面构建了指标体系，并据此采用熵值法测评了2003—2015年长江经济带经济发展方式转变概况。中央党校课题组[⑦]（2019）通过构建中国经济发展方式转变综合评价指数，从创新、协调、绿色、开放、共享五大发展理念的角度，对2005—2014年我国经济发展方式转变进行定量化评价。由此可见，关于经济发展方式转变

---

① 何菊莲，张轲，唐未兵. 我国经济发展方式转变进程测评 [J]. 经济学动态，2012（10）：17-26.

② 王新民，薛琳. 县域经济发展方式转变评价指标体系的构建及应用——福建省58个县（市）的实证研究 [J]. 东南学术，2013（6）：123-131.

③ 曾铮，安淑新. 地方转变经济发展方式评价指标体系研究 [J]. 当代经济管理，2014，36（12）：1-13.

④ 陈志刚，郭帅. 中国经济发展方式转变的阶段划分与测度 [J]. 中南民族大学学报（人文社会科学版），2016（2）：89-95.

⑤ 高嵩，王士君，谭亮. 吉林省经济发展方式转变绩效评价及特征分析 [J]. 经济地理，2017（12）：34-40.

⑥ 姚姿臣. 区域经济发展方式转变进程评价及路径探索——基于长江经济带11省2003—2015年的经验数据 [J]. 经济地理，2018，38（3）：46-52.

⑦ 中共中央党校经济学教研部课题组. 中国经济发展方式转变综合评价指数研究 [J]. 行政管理改革，2019（1）：35-43.

的评价指标体系构建的研究不仅包括经济视角，还涵盖民生福利、资源利用、环境评价、政府职能等多个方面；研究方法包括主成分分析法（PCA）、因子分析法（FA）、熵值法（EM）等，基本得出了我国的经济发展方式出现向好转变的结论。

2.1.3 促进经济发展方式转变的思路和对策研究

对于如何促进经济发展方式的转变，国内学界主要有以下观点：一是从国际视野出发，探讨借鉴国外发达国家转变经济发展方式的成功经验，主要途径包括政府职能的转变、产业结构的升级、市场机制的调节、人力资本的优化、发挥市场机制在竞争领域的作用、科技创新能力的提高、加强社会管理和公共服务职能的发挥等（高峰[①]，2008；阎坤、于树一[②]，2008；李清[③]，2011）。二是研究我国地区视角，主要有发展理念转变观、产业结构升级观、人才优先观、体制机制改革观、科技自主创新观、扩大消费观等。例如，陈孝兵[④]（2009）认为经济发展方式不能简单用资源配置效率来衡量，而更需靠完善市场体制来解决，在完善政治、文化和社会体制的进程中来实现；夏东民[⑤]（2010）认为，不断提高我国自主创新能力、加快科技体制改革、重视科技人才队伍培养才能促进我国经济发展方式转变；张连辉、赵凌云[⑥]（2011）对改革开放以来中国共产党转变经济发展方式理论的演进历程进行分析后，认为需要将认识局限和阻碍经济发展的体制机制消除，才有利于进一步推动经济发展方式转变；唐龙[⑦]（2012）则提出收入分配制度改革的具体措施对转变经济发

---

① 高峰. 国外转变经济发展方式体制机制经验借鉴 [J]. 世界经济与政治论坛，2008（3）：113-116.

② 阎坤，于树一. 影响经济发展方式转变的因素分析：各国实践及经验 [J]. 涉外税务，2008（3）：8-12.

③ 陈清. 发达国家和地区转变经济发展方式的经验与启示 [J]. 亚太经济，2011（1）：38-40.

④ 陈孝兵. 论制度创新与经济发展方式的转变 [J]. 理论学刊，2009（8）：47-51.

⑤ 夏东民. 自主创新与经济发展方式转变 [J]. 毛泽东邓小平理论研究，2010（3）：21-25.

⑥ 张连辉，赵凌云. 改革开放以来中国共产党转变经济发展方式理论的演进历程 [J]. 中共党史研究，2011（10）：66-77.

⑦ 唐龙. 深化收入分配制度改革推进经济发展方式转变 [J]. 经济纵横，2012（1）：46-54.

展方式有重要的促进作用；任保平、郭晗①（2013）认为培育新兴产业、加快产业结构调整、大力发展现代服务业、加强产学研深度融合、倡导文化创新是实现经济发展方式转变的有效途径；李福柱、赵长林②（2016）通过实证研究发现，异质性企业集聚、技术创新与提高前沿技术水平、生产效率和规模报酬率一样，是促进经济发展方式转变的重要途径；白俊红、聂亮③（2018）通过研究能源利用过程中环境污染的改善对经济发展方式转变的影响，提出要改变"唯GDP至上"的粗放型发展模式，积极搭建区域间协作平台，强化新发展理念等对策；李月、徐永慧④（2019）采用生存模型考察结构性改革对经济体由效率驱动向创新驱动阶段转变的影响，得出了金融改革的路线和劳动力市场改革有助于实现由效率驱动向创新驱动的转变的结论。由此可见，许多学者针对促进经济发展方式的转变提出了很多富有成效的对策和建议，为本研究提供了借鉴。

2.1.4 经济发展方式转变时空演化研究

时空演化是经济空间过程的本质特征，也是形成秩序、格局的原因之一。目前国内外学者已进行了若干关于区域经济空间时空演化的分析与识别问题探索。如 Anselin⑤（1988）、Getis 和 Ord⑥（1992）、Andres 等⑦（2002）、

---

① 任保平，郭晗. 经济发展方式转变的创新驱动机制 [J]. 学术研究，2013（2）：69-75，159.

② 李福柱，赵长林. 中国经济发展方式的转变动力及其作用途径 [J]. 中国人口·资源与环境，2016，26（2）：152-162.

③ 白俊红，聂亮. 能源效率、环境污染与中国经济发展方式转变 [J]. 金融研究，2018（10）：1-17.

④ 李月，徐永慧. 结构性改革与经济发展方式转变 [J]. 世界经济，2019（4）：53-76.

⑤ ANSELIN L. Spatial econometrics：Methods and models [M]. Dordrecht：Kluwer Academic，1988，1-13.

⑥ GETIS A，ORD J K. The analysis of spatial association by the use of distance statistic [J]. Geographical analysis，1992，24：189-206.

⑦ ANDRES M P，MICHAEL P W，PEDRO T，et al. Use of spatial statistics and monitoring data to identify clustering of bovine tuberculosis in Argentina [J]. Preventive veterinary medicine，2002（56）：63-76.

Benny① （2006）、Warntz W② （2011）、Elhorst③ （2014）等国外学者在此领域做出了重要贡献。由于本研究定义的经济发展方式转变内涵包括经济增长稳定、创新驱动、市场机制完善、结构优化、绿色发展、资源高效利用、人民生活美好 7 个维度，因此在该处的文献综述中将介绍相关维度的时空演化文献。

（1）在经济增长稳定方面。丁刚等④ （2012）采用因子分析法（FA）和探索性空间数据分析法（ESDA），对全国各省域经济发展方式转变的空间关联模式进行了探讨性分析，结果表明转变现状水平存在较大差异、不均衡态势突出，其空间关联模式呈现出"高-高"和"低-低"类型的特征。丁建军等⑤ （2013）研究发现我国 30 个省、自治区、直辖市的经济发展可持续性均有了较大程度的改善，但存在明显的地区差异；经济发展可持续性改善程度相似，省域彼此之间空间集聚趋势明显。何红光等⑥ （2014）运用主成分分析法（PCA）和空间统计技术对全国 1990—2014 年农业经济增长质量进行了测度，并分析了其变化趋势，重点考察了各省域农业经济增长质量的时空差异。付帼、雷磊⑦ （2014）利用标准差、变差系数和 Theil 系数法对 1999—2009 年 8 大沿海经济区进行经济差异性研究，得出沿海经济区总体差异呈现明显的扩大现象等结论。李强、李新华⑧ （2018）运用空间变异系数和莫兰指数对我国 1997—2016 年 30 个省域的经济增长质量的差异性及空间相关性进行分析，得

① BENNY G. Looking across borders：A test of spatial policy interdependence using local government efficiency ratings ［J］. Journal of urban economics，2006，60（3）：443-462.

② WARNTZ W, NEFT D. Contributions to a statistical methodology for areal distribution ［J］. Journal of geographical systems，2011（13）：127-145.

③ ELHORST J P. Spatial econometrics：From cross-sectional data to spatial panels ［M］. New York：Springer，2014.

④ 丁刚，陈阿凤. 我国省域经济发展方式转变的空间关联模式研究 ［J］. 华东经济管理，2012（10）：50-53.

⑤ 丁建军，李峰，曾象云. 基于 ESDA 的我国省域经济发展可持续性改善的时空特征研究 ［J］. 区域经济论，2013（4）：68-76.

⑥ 何红光，宋林，李光勤. 中国农业经济增长质量的时空差异研究 ［J］. 经济学家，2017（7）：87-97.

⑦ 付帼，雷磊. 中国八大沿海经济区经济空间差异性时空变化研究 ［J］. 经济地理，2014，34（3）：6-9，37.

⑧ 李强，李新华. 新常态下经济增长质量测度与时空格局演化分析 ［J］. 统计与决策，2018（13）：142-145.

出了中国经济增长质量总体上呈现上升趋势的结论。罗腾飞、罗巧巧[①]（2019）以贵州省2005—2016年人均GDP为研究对象，采用综合变差系数、莫兰指数、标准差椭圆法分析，得出贵州省县域经济总体差异和相对差异均呈现出缩小趋势，总体空间格局变动较小，县域经济的集聚性呈现逐渐增强的趋势等结论。

（2）在创新驱动方面。唐晓华、陈阳[②]（2017）利用SBM超效率模型，为了消除模型内生性和更好检验稳健性，设置邻接、经济、嵌套三种空间权重矩阵，重点考察了1999—2014年我国装备制造业全要素生产率的时空分布特征，研究发现我国装备制造业全要素生产率在省际层面存在较大差距，且东部地区要远远领先中、西部地区，变化趋势以增长为主要特征。刘树峰等[③]（2019）运用网络DEA-SBM模型、核密度分析、自然断裂点和空间面板计量模型等方法分析了2008—2015年中国省际创新总效率及两阶段效率演化动态及其成因，得出了中国创新总效率、知识凝结效率和市场转化效率整体处在低位水平，创新效率存在明显的阶段性和区际差异在空间上自东向西大体呈阶梯式递减分布特征的结论。

（3）在市场机制完善方面。李恩龙等[④]（2017）基于省域2006—2014年保费收入，利用空间分析技术研究了中国保险业市场的空间分布和发展潜力格局，并对中国保险业市场的发展类型进行划分，在此基础上探析了中国保险业市场的空间分异的影响机制。孙梦阳等[⑤]（2018）以入境旅游人次和国际旅游收入两大指标为基础，从时空维度对包括中国在内的全球10大旅游目的地的入境旅游市场时空演化状况进行了对比分析，得出中国入境旅游市场规模仍处

---

① 罗腾飞，罗巧巧. 贵州省县域经济差异性及空间演化特征分析 [J]. 贵州大学学报（社会科学版），2019，37（2）：41-50.

② 唐晓华，陈阳. 中国装备制造业全要素生产率时空特征——基于3种空间权重矩阵的分析 [J]. 商业研究，2017（4）：135-142.

③ 刘树峰，杜德斌，覃雄合，等. 基于创新价值链视下中国创新效率时空格局与影响因素分析 [J]. 地理科学，2019，39（2）：173-182.

④ 李恩龙，杨永春，史坤博，等. 省域视角下中国保险业市场的时空特征 [J]. 经济地理，2017，37（5）：116-124.

⑤ 孙梦阳，尹进文，徐菊凤. 我国入境旅游市场时空演变及其特征研究——基于国际对比的视角 [J]. 资源开发与市场，2018，34（2）：286-291.

于世界前列、旅游市场变动强度较小等结论。唐代盛、盛伟[①]（2019）以中国劳动力动态调查数据为依据，采用空间分析技术，从时间和空间维度探析了人口城市化与产业结构升级对劳动力市场效率的促进作用及变动规律。

（4）在结构优化方面。张国俊等[②]（2018）通过构建广州市产业生态化综合评价指标体系，采用熵值法和耦合评价模型探究了2005—2015年广州市产业生态化总体水平的时空演变特征，剖析了产业与生态效率协调关系的演变情况，得出广州市产业生态化发展总体水平在波动中持续提升、区域间的总体水平差异变小、分布格局保持相对稳定等结论。王亚平等[③]（2019）运用基尼系数、偏离-份额分析等方法剖析了2000—2015年山东省污染密集型产业时空演变格局特征，得出发展趋势整体呈"S"形增长曲线，产业细分行业的集聚和扩散态势呈现出明显的行业差异，特别是经济欠发达地区的污染密集型产业产值占工业总产值的比重呈逐年上升的趋势等结论。

（5）在绿色发展方面。何剑、王欣爱[④]（2016）构建了产业绿色发展水平评价体系，利用全局因子法（FA）和空间统计技术对全国2005—2014年产业绿色发展水平进行测度，分析了其空间格局分布及演化特性，发现产业绿色发展指数随时间呈下降趋势且存在时空差异，在空间上显示为空间正相关性。曹鹏、白永平[⑤]（2018）依据绿色发展内涵，构建绿色发展效率投入产出体系，利用Super-SBM模型测度了不同时期中国省域绿色发展效率，并综合运用变异系数、基尼系数、泰尔指数、赫芬达尔指数、探索性空间数据分析和面板Tobit回归模型等方法，对研究期内各省域绿色发展效率的时空格局及其影响因素进行分析和探讨。李俊杰、景一佳[⑥]（2019）运用超效率SBM模型和

① 唐代盛，盛伟.人口城市化、结构红利与时空效应研究——以劳动力市场效率为视角[J].中国人口科学，2019（5）：29-42，126-127.

② 张国俊，王珏晗，庄大昌.广州市产业生态化时空演变特征及驱动因素[J].地理研究，2018，37（6）：1070-1086.

③ 王亚平，曹欣欣，程钰，等.山东省污染密集型产业时空演变特征及影响机理[J].经济地理，2019（1）：130-139.

④ 何剑，王欣爱.中国产业绿色发展的时空特征分析[J].科技管理研究，2016（21）：240-246.

⑤ 曹鹏，白永平.中国省域绿色发展效率的时空格局及其影响因素[J].甘肃社会科学，2018（4）：242-248.

⑥ 李俊杰，景一佳.基于SBM-GIS的绿色发展效率评价及时空分异研究——以中原城市群为例[J].生态经济，2019，35（9）：94-101.

Malmquist 指数对 2007—2016 年中原城市群的绿色发展效率进行评价，并利用空间分析技术探究了中原城市群绿色发展呈现整体绿色发展水平不高、"西北外围高，南部较低"的时空特征。

（6）在资源高效利用方面。姚尧等①（2017）构建了城市建设用地功能评价体系，以地级市为研究单元，利用空间统计技术探究了 2000—2014 年我国中部 3 省多尺度城市建设用地功能演化特征与模式，得出城市建设用地功能演化以复合型演化模式为主、演化格局复杂的结论。张雅杰等②（2018）利用修正的耕地压力指数模型计算了中国 1978—2015 年各省域的耕地压力指数，研究了国家层面、四大经济区域、省域 3 个尺度的耕地压力指数的时序变化和空间分布差异。卫洪建等③（2019）利用农作物产量并考虑区域差异的草谷比因子及地理信息系统，分析了我国 2000—2015 年农作物秸秆资源总量及分布特点、不同区域耕地的秸秆产率变化情况及生产潜力。

（7）在人民生活美好方面。孙涵等④（2016）基于 2008—2012 年中国 30 个省域为研究对象，从 Bayes 空间计量的角度研究了省域之间生活能源消费的空间效应。蔡进等⑤（2018）综合运用熵权法和协调度模型，利用 2006 年、2010 年、2016 年三年的截面数据，对重庆市城镇化与农村协调发展水平进行研究，得出重庆市城镇化水平较低，区县之间差距较大，高水平集中于主城区与城市发展新区，低水平集中于渝东北和渝东南地区等结论。康珈瑜、索志辉、梁留科⑥（2019）利用泰尔指数、莫兰指数和空间回归模型等方法，探究了 2012—2017 年中国大陆 346 个市域单元的收入房价比的时空演变规律，得出其收入房价比排名整体表现为"东部>中部>东北>西部"的空间分异特征，

① 姚尧，李江风，童陆亿，等. 中部 3 省城市建设用地功能时空演化特征 [J]. 长江流域资源与环境，2017（10）：1564-1574.
② 张雅杰，闫小爽，张丰，等. 1978—2015 年中国多尺度耕地压力时空差异分析 [J]. 农业工程学报，2018，34（13）：1-7.
③ 卫洪建，杨晴，李佳硕，等. 中国农作物秸秆资源时空分布及其产率变化分析 [J]. 可再生能源，2019，37（9）：1265-1273.
④ 孙涵，申俊，彭丽思，等. 中国省域居民生活能源消费的空间效应研究 [J]. 科研管理，2016（12）：82-91.
⑤ 蔡进，廖和平，禹洋春，等. 重庆市城镇化与农村发展水平时空分异及协调性研究 [J]. 世界地理研究，2018，27（1）：72-82.
⑥ 康珈瑜，索志辉，梁留科. 中国市域居民住房支付能力时空演变及影响因素 [J]. 干旱区地理，2019（4）：2-19.

其相对差异和绝对差异均随时间呈现逐渐增大的时空特征。

2.1.5 经济发展方式转变时空格局形成的影响因素

区域经济发展与空间地理特征密切相关，经济活动的空间资源配置和经济活动的空间区位对经济增长的作用引起了国内外经济学界的广泛关注。例如，O'Brien 与 Leichenko[1]（2000）、Grimes 与 Kentor[2]（2003）、Jorgenson[3]（2007）等将区域的地缘因素纳入后，再做进一步的研究。Fedorov L[4]（2002）运用Theil 指数等方法测算探析 1990—1999 年俄罗斯的区域差异和极化趋势以及该趋势形成的原因。Rey 和 Montouri[5]（1999）以美国 1929—1994 年各州经济增长为研究对象，利用相关空间分析技术研究并发现其存在很强的空间关联性。Goletsis 等[6]（2011）采用多元变量的方法测度 1995—2007 年希腊地区发展的不均衡性，认为地区发展收敛性不明显。Meijers E 等[7]（2012）从交通运输角度分析了城市间的经济联系，以及交通网络的完善和可达性的提高对区域经济增长及城市空间结构的演化作用。

国内关于经济发展方式转变的某一两个维度的时空演化的形成机制的研究已取得了丰硕成果。杨淑华[8]（2009）从经济驱动力视角分析了我国经济发展方式转变滞后的深层次原因，并提出运用价格、税收等经济杠杆来促进经济发

① O'BRIEN K L, LEICHENKO R M. Double exposure：Assessing the impacts of climate change within the context of economic globalization [J]. Global environmental change, 2000, 10（3）：221-232.

② GRIMES P, KENTOR J. Exporting the greenhouse：Foreign capital penetration and CO_2 emissions 1980-1996 [J]. Journal of world-systems research, 2003, 9（2）：261-275.

③ JORGENSON A K. The effects of primary sector foreign investment on carbon dioxide emissions from agriculture production in less-developed countries, 1980-99 [J]. International journal of comparative sociology, 2007, 48（1）：29-42.

④ FEDOROV L. Regional inequality and polarization in Russia [J]. World development, 2002, 30（3）：443-456.

⑤ REY S J, MONTOURI B D. US regional income convergence：A spatial econometric perspective [J]. Regional studies, 1999, 33（2）：143-156.

⑥ GOLETSIS Y, CHLETSOS M. Measurement of development and regional disparities in Greek periphery：A multivariate approach [J]. Socioeconomic planning sciences, 2011, 45（4）：174-183.

⑦ MEIJERS E, HOEKSTRA J, LEIJTEN M, et al. Connecting the periphery：Distributive effects of new infrastructure [J]. Journal of transport geography, 2012, 22：187-198.

⑧ 杨淑华. 我国经济发展方式转变的路径分析——基于经济驱动力视角 [J]. 经济学动态, 2009（3）：30-33.

展方式转变。仇方道、佟连军等①（2009）用全局与局部空间自相关分析方法，对1996—2005年淮海经济区经济差异的时空特征及驱动机制进行探索，认为淮海经济区经济差异变动的驱动机制主要包括投资能力、增长速度、产业结构等在内的经济动力机制、空间作用机制、边缘区发展政策、省际边界阻隔机制等。刘彦随、杨忍②（2012）对县域城镇化空间分异的影响因素进行研究，指出县域经济发展阶段、固定资产投资、离中心城市的距离、第二产业和第三产业水平、农民人均纯收入、人口密度等是主要影响因素。李瑞等③（2013）运用空间统计技术研究了我国高级科学人才成长的时空规律及其演化机制，认为自然环境、经济基础、政治环境和文化教育的差异和变化是其时空格局演化的主要影响因素。赵宏波、马延吉④（2014）运用GIS的空间分析方法分析了1995—2010年吉林省中部地区经济差异的时空演变特征及驱动机制，表明经济发展基础、区域政策推动、市场经济促进、产业集聚与扩散带动和人才技术支撑是吉林省中部地区经济差异时空演变的驱动机制。傅辰昊等⑤（2015）根据1980—2010年四个时间断面各省城乡居民恩格尔系数差值，描述了我国城乡居民生活水平差距的时空变化和差异，发现其格局形成和演变的影响因素主要包括国家宏观战略、宏观政治经济环境、地区城乡战略、自然条件等。徐维祥等⑥（2016）基于产业集群创新的NRC理论框架，认为浙江产业集群创新具有正向空间溢出效应，促进产业集群创新发展的主要因子有企业研发、市场驱动、外商投资、政府引导以及城镇建设等。张改素等⑦（2017）认为影响长江经济带县域城乡收入差距空间格局形成机制是优越的区位条件依然

① 仇方道，佟连军，朱传耿，等. 省际边缘区经济发展差异时空格局及驱动机制：以淮海经济区为例［J］. 地理研究，2009，28（2）：451-463.

② 刘彦随，杨忍. 中国县域城镇化的空间特征与形成机理［J］. 地理学报，2012，67（8）：1011-1020.

③ 李瑞，吴殿廷，鲍捷，等. 高级科学人才集聚成长的时空格局演化及其驱动机制——基于中国科学院院士的典型分析［J］. 地理学报，2013，32（7）：1123-1138.

④ 赵宏波，马延吉. 老工业基地区域经济差异时空演变及驱动机制研究——以吉林省中部地区为例［J］. 中国科学院大学学报，2014，31（2）：188-197.

⑤ 傅辰昊，周素红，闫小培，等. 中国城乡居民生活水平差距的时空变化及其影响因素［J］. 世界地理研究，2015，24（4）：67-77.

⑥ 徐维祥，刘程军，江为赛，等. 产业集群创新的时空分异特征及其动力演化——以浙江省为例［J］. 经济地理，2016，36（9）：103-110.

⑦ 张改素，王发曾，康珈瑜，等. 长江经济带县域城乡收入差距的空间格局及其影响因素［J］. 经济地理，2017（4）：42-51.

发挥重要作用，工业化、城镇化发挥重要的推动作用，农业现代化进程起正向促进作用，经济发展水平起决定性支撑作用，国家发展战略与政策的支持起宏观引领作用，但信息化起一定的"阻碍"作用。蒙莎莎等[①]（2017）利用标准差椭圆、空间变差函数、探索性空间数据分析法探析了2005—2015年山东省县域单元经济空间格局演化特征和地域分异驱动机制，研究表明分权化、工业化水平、市场化和对外开放程度是影响山东省县域经济格局变迁的重要动力机制。刘涛等[②]（2018）对中国1996—2006年城乡建设用地的时空格局及形成机制进行研究，认为投资和产出增长的差异性对城乡建设及耕地占用的时空格局起到了关键作用。马慧强等[③]（2018）通过对2010—2014年我国103个县域单元的旅游公共服务质量时空演化的形成机理进行研究，认为微观层面上的因素主要有市场主导、政府主导两大类。宏观层面的影响因素有区域经济发展水平、政府政策扶持两个方面。江孝君等[④]（2019）通过构建EES系统协调评价指标体系，运用ESDA等方法探索长江经济带各市域2000—2016年EES系统协调发展的时空分异特征及驱动机制，认为EES系统协调发展时空格局是EES子系统发展、自然区位、战略与政策、空间邻近效应等因素综合驱动形成的结果。卢新海等[⑤]（2019）采用核密度估计、探索性空间数据分析和空间计量模型，探究中部地区地级以上城市2000—2016年土地城镇化水平差异的时空特征及影响因素，表明中部地区土地城镇化水平差异受到人口规模、经济发展、产业结构等因素的共同影响。任保平、何苗[⑥]（2019）认为从业人数、交通区位、科技发展水平、城市化水平以及产业结构等对经济密度有正向影响，并且进一步探讨了高质量发展背景下中国经济差距的时空演化特征的影响机理。

① 蒙莎莎，张晓青，张玉泽，等.山东省县域经济空间格局演变及驱动机制研究 [J].华东经济管理，2017，31（12）：27-34.
② 刘涛，史秋洁，王雨，等.中国城乡建设占用耕地的时空格局及形成机制 [J].地理研究，2018，37（8）：1609-1623.
③ 马慧强，燕明琪，李岚，等.我国旅游公共服务质量时空演化及形成机理分析 [J].经济地理，2018，38（3）：190-199.
④ 江孝君，杨青山，耿清格，等.长江经济带生态—经济—社会系统协调发展时空分异及驱动机制 [J].长江流域资源与环境，2019，28（3）：493-503.
⑤ 卢新海，柯楠，匡兵，等.中部地区土地城镇化水平差异的时空特征及影响因素 [J].经济地理，2019，39（4）：192-198.
⑥ 任保平，何苗.高质量发展背景下中国经济差距的时空演化及其影响机理分析 [J].西安交通大学学报（社会科学版），2019，39（6）：47-57.

2.1.6 文献评述

综上所述，国内外关于经济发展方式转变的相关研究成果较丰，为本书研究提供了一定参考和借鉴，但主要存在以下不足。

（1）国内外学者聚焦经济增长和经济发展的理论较多，也反映出部分经济发展方式转变相似的内容，但未科学界定新时代经济发展方式转变的内涵。

目前，基于经济发展方式转变的内涵尚不明晰，较多文献局限于经济增长方式和经济发展方式的区别，且部分内容过于传统，创新不足。此外，较少从时代背景、阶段性、区域性等角度去理解和把握关于经济发展方式转变的内涵，缺乏对经济发展方式的内在规律性、动态性、区域性特征及转变历程和进度等方面的分析和阐述。

（2）反映时代特征的经济发展方式转变测度体系、评价方法、评价对象等方面有待不断完善。

在评价体系上，虽然覆盖了社会、经济、资源环境等多个方面，但指标之间也存在共线性问题，且可操作性、科学性等有待探讨；所构建的评价体系未能全面地体现新时代经济发展方式转变的新理念和新观点。在评价方法上，基于某个区域截面数据的静态评价多，而动态评价方法少。例如，使用德尔菲法、层次分析法、因子分析法、熵值法这类静态评价方法确定权重得出的结论往往主观性较强，评价结果难以跨期比较。在评价对象上，对特定区域如上海市、浙江省、山东省等经济发达省市进行评价分析的较多，对全国层面的评价研究较少，各省域横向比较分析较少。

（3）已有较多文献关注对经济发展方式转变途径、思路等问题的研究，但提出的对策建议的科学性和可行性需要进一步论证。

随着国家对经济发展方式转变日益重视，学界应结合中国特色社会主义新时代特征、经济高质量发展目标，进一步夯实一些新现象的学术研究基础。例如，如何具体问题具体分析，加快推动经济发展方式转变，进而推动经济高质量发展，提高经济治理能力等问题需要学者们深入研究和探讨，这有利于提升对策的可行性。

（4）已有成果侧重于对经济发展方式转变的某一方面时序规律的统计描述，缺乏对整个经济发展方式转变的时间和空间双向差异分析。

经济发展方式转变，是一个动态的、多维的社会空间复杂过程；从时空格局演变的角度来探讨经济发展方式转变还是一个比较前沿的课题，这是一个从定性到定量的研究过程。目前这类研究还没有形成一个全面的、完善的经济发展方式转变的时空演变内在规律的相关结论。因此，有必要准确地阐释经济发展方式转变的时间阶段特征与空间分异特征等，以便形成相对较成熟的有关全国和省域时空演化的研究成果。

（5）现有文献大多对经济发展方式转变的某一两个方面时空格局的形成机制进行研究，缺乏对整个经济发展转变时空格局形成原因及形成机制进行理论分析的相关研究。

由于经济发展方式转变的时空演化具有空间依赖性与空间异质性，要求研究者不仅考虑本地区经济社会因素的影响，还要考虑相邻区域的交互影响。现有文献在定量分析时较少考虑不同地区间变量的空间相互作用，而且忽视了变量的空间作用因素，特别是忽视了具体区域在自然、经济、社会、制度等方面的差异，从而无法发现包含空间依赖影响因素的规律。

2.2 理论基础

2.2.1 可持续发展理论

1. 可持续发展理论的演变历程

可持续发展理论经历了一个长期的认知和实践过程，该理论的出现大致可追溯到 20 世纪 60 年代。1962 年，美国生物学家莱切尔·卡逊（Rachel Carson)① 出版的《寂静的春天》，首次呼吁人们认真思考经济发展与资源、环境之间的矛盾问题，提出了人类应该与大自然和谐共处的思想。1972 年，"罗马俱乐部"发表的《增长的极限》提出了"增长的危机"②，深刻阐述了自然环境的重要性，指出在经济增长中，不能仅仅追求产量和速度，不能忽视人口、资源、环境和生态矛盾等问题，从而增强人类的全球性意识。1987 年，在世界环境与发展委员会（World Commission on Environment and Development，

---

① 莱切尔·卡逊. 寂静的春天 [M]. 北京：科学出版社，1979.
② MEADOWS D H, et al. The limits to growth [M]. Sydney：Universe Books, 1972.

WCED）出版的《我们共同的未来》① 中正式提出可持续发展定义，即"既满足当代人的需求，又不对后代人满足其自身需求的能力构成危害的发展"，强调了社会发展的可持续性，最终落脚点是人类社会。至此，可持续发展思想在全球正式确立。1992 年，在里约热内卢召开的"联合国环境与发展大会"上正式通过了《里约环境与发展宣言》和《21 世纪议程》两个纲领性文件，标志着可持续发展思想被全球各类国家所普遍认同。2000 年联合国签署的《联合国千年宣言》表明世界上大多数国家将可持续发展原则纳入国家政策和方案。2012 年，在里约热内卢召开"里约+20"联合国可持续发展大会，并将绿色经济在可持续发展和消除贫困方面的作用作为主题。2015 年，联合国可持续发展峰会通过了《变革我们的世界：2030 年可持续发展议程》②，标志着人类在探索实践可持续发展过程中又进入新纪元。2017 年，联合国发布《2017 年可持续发展目标报告》③，突出强调了人类在 17 个可持续发展目标方面取得进展的情况和需要采取更多行动的领域。

2. 可持续发展理论的基本观点

可持续发展理论主要强调"生态、经济、社会"复杂关系的整体协调性。要求各国在经济发展中力求经济效应、生态效应、社会效应的统一。可持续发展的三大原则分别是公平性、持续性、共同性。其基本观点有：①鼓励经济增长，更强调经济发展质量。一方面，经济增长的数量有利于提高当代人生活水平，进而增加社会财富，提高国家综合实力。另一方面，可持续发展更要追求经济增长的质量，而不再一味追求经济增速。盲目追求增长的数量，势必过分依赖高投入、高消费、高污染，其结果必然是资源消耗严重、环境迅速恶化，最终造成发展无以为继。②强调协调发展。可持续发展是一个动态的过程，这一过程包括经济、社会、环境三大系统的整体协调，整体与局部、局部与局部的协调，也包括人口、资源、环境、社会以及内部各个阶层的协调。可持续发展以自然资源为基础，同生态环境相协调，人类社会与自然环境相协调，从而

① 世界环境与发展委员会. 我们共同的未来 ［M］. 王之佳，柯金良，等译. 长春：吉林人民出版社，1997.
② UNITED NATIONS. Transforming our world：The 2030 agenda for sustainable development ［R］. New York：United Nations，2015.
③ UNITED NATIONS. Sustainable development goals report 2017 ［R］. New York：United Nations，2017.

推动整个人类社会共同发展。③强调公平发展。体现了人类社会发展的基本规律，强调代际公平发展，即在强调现代人需求的同时，不能损害后代人的利益，进而维护公平和正义，推动社会全面发展，这样才能达到当前和未来、局部与整体的统一。

3. 中国探索和实践可持续发展理论历程

中国及时与可持续发展理念接轨并一贯重视之。1992 年，中国政府在里约热内卢召开的环境与发展大会上庄严承诺将认真履行《里约环境与发展宣言》和《21 世纪议程》等文件。此后不久，中国政府编制的《中国 21 世纪议程——中国 21 世纪人口、资源、环境与发展白皮书》，首次将可持续发展战略纳入社会、经济、资源和环境发展框架。1995 年中共十四届五中全会正式将可持续发展战略写入《关于制定国民经济和社会发展"九五"计划和 2010 年远景目标的建议》。1997 年党的十五大明确将可持续发展战略确定为我国现代化建设中必须实施的战略之一，强调正确处理"经济发展同人口、资源与环境的关系"。2002 年党的十六大提出走"生产发展、生活富裕、生态良好"的文明发展道路。2003 年提出的全面协调可持续的科学发展观是对可持续发展内涵认识的升华。2007 年党的十七大报告首次提出"生态文明"，2012 年党的十八大同意将生态文明建设写入《中国共产党章程》。2012 年党的十八大报告提出了"美丽中国"的宏伟蓝图，坚持走可持续发展的道路是我国发展的重要战略。2015 年中共十八届五中全会提出"五大发展理念"，提出绿色发展重要理念。2017 年党的十九大将可持续发展战略确定为要坚定实施的七大战略之一。2017 年 8 月、2019 年 9 月中国政府先后两次发布《中国落实 2030 年可持续发展议程进展报告》。2019 年 10 月，首届可持续发展论坛在北京召开，为各国落实可持续发展议程提供了有益借鉴。

4. 理论启示

可持续发展理论从环境和资源的供给能力出发，正确理解人类活动行为，强调以人为中心的发展，主张既要生存又要保证发展质量，与转变经济发展方式实质和内涵密不可分。人口、资源、环境、经济、社会各要素间的平衡协调和代际纵向协调也要求通过经济发展方式的转变去实现。因此，将可持续发展理论融入转变经济发展方式进程中，使经济发展更多依靠科技创新、绿色环保、资源高效利用等驱动，有利于为新时代经济发展方式转变内涵提供理论支撑。

2.2.2 经济增长理论

经济增长理论是专门研究经济增长的源泉，即研究长期经济增长的动力机制，经济的长期、持续增长是由何种动力推动的理论。经济增长一般被认为是资本投入、劳动投入、资源配置的改善、知识（包括技术与管理的知识）的进步等要素长期作用的结果。接下来我们主要对四种现代经济增长理论进行简要梳理。

1. 哈罗德-多马经济增长理论

由于当时凯恩斯的"有效需求不足"理论不再适合指导发展中国家的经济发展，所以英国的经济学家哈罗德（Roy Harrod）和美国的经济学家多马（Evsey D. Domar）分别于 1939 年和 1946 年根据凯恩斯的思想提出了经济增长模型[①]，即哈罗德-多马模型（Harrod-Domar Model），这标志着现代经济增长理论的产生。该模型有如下假定：全社会只生产一种产品，只有两种生产要素，即劳动 L 和资本 K；规模报酬不变，不存在技术进步；储蓄率、人口增长率保持不变。通过如下推导可得出经济增长率 g：

令 Y=国民收入，K=资本，I=净投资，S=储蓄，s=储蓄率，k=资本与产出之比，则

$$s = \frac{S}{Y} \tag{2-1}$$

由于 $S=I$，所以

$$s = \frac{S}{Y} = \frac{I}{Y} \tag{2-2}$$

$$k = \frac{\Delta K}{\Delta Y} \tag{2-3}$$

因为资本存量的变化数额 ΔK 就是投资 I，所以

$$g = \frac{\Delta Y}{Y} = \frac{S/Y}{\Delta K/\Delta Y} = \frac{S/Y}{I/\Delta Y} = \frac{s}{k} = \frac{储蓄率}{资本与产出之比} \tag{2-4}$$

这就是将凯恩斯的理论动态化和长期化得到的哈罗德-多马模型。这表明经济增长率是由国民储蓄和国民资本与产出比例共同决定的，所以强调经济增

---

① 罗伊·F. 哈罗德. 论动态理论 [J]. 经济学杂志，1939（3）：14-33；E·D. 多马. 资本扩张、增长率和就业 [J]. 经济计量学，1946（4）：137-147.

长的根本动力在于物质资本的积累，认为只要国民收入储存起来用于投资，增长率就会迅速提高，成为经济增长理论中的"资本决定论"。但该模型过于强调储蓄和资本积累的作用，没有考虑到技术进步在经济发展中的作用，对市场机制的作用有所忽视。

2. 新古典经济增长理论

由于哈罗德-多马增长模型仅把资本看成促进增长的唯一源泉，没有考虑到技术进步对经济增长的重要性，因而在 1956 年以美国经济学家罗伯特·索罗（R. M. Slow）[①] 和英国的经济学家斯旺（T. W. Swan）[②] 为代表的经济学家提出了新古典经济增长理论，即索洛-斯旺模型（Solow-Swan Model）。该模型考虑的是单部门经济，并假定经济是封闭的，在任何一个时间点上总有物资资本存量的净增加额等于总投资减去折旧，即

$$\dot{K}=I-\delta K=sF(K, L) -\delta K \tag{2-5}$$

将上述两端同除以 L，可以得到：

$$\dot{k}=sf(k)-(n+\delta)k \tag{2-6}$$

（2-6）式为新古典增长模型的基本方程，其中 nk 为新增人口的人均资本，δk 为折旧，表明人均资本的增加额等于人均储蓄 sy 减去资本的广化（$n+k)\delta$。1960 年，索洛和米德对该模型进行补充，在原有模型中引入了技术进步和时间因素。依据柯布-道格拉斯生产函数建立关于要素投入的贡献（主要是资本和劳动）和技术进步贡献的生产函数

$$Y=F[K(t),A(t)L(t)] \tag{2-7}$$

其中 $A(t)$ 是一个技术参数，对（2-7）式两边关于时间求导并整理得

$$\Delta Y/Y=\frac{K \cdot (\partial Y/\partial K)}{Y} \cdot \frac{\Delta K}{K}+\frac{L \cdot (\partial Y/\partial L)}{Y} \cdot \frac{\Delta L}{L}+\frac{A \cdot (\partial Y/\partial A)}{Y} \cdot \frac{\Delta A}{A} \tag{2-8}$$

进一步简化为：

$$g=\Delta Y/Y=\alpha \cdot \frac{\Delta K}{K}+(1-\alpha) \cdot \frac{\Delta L}{L}+\frac{\Delta A}{A} \tag{2-9}$$

（2-9）式中 $\Delta A/A$ 代表技术进步，被称为新古典增长模型。该模型除强调

① SOLOW R M. A contribution to the theory of economic growth ［J］. Quarterly journal of economics, 1956, 70：65-94.

② SWAN T W. Economic growth and capital accumulation ［J］. Economic record, 1956, 32：334-361.

资本、劳动等生产要素对经济增长的影响外，特别强调技术进步对经济增长的重大贡献，是人均收入增长的源泉。但模型中假定资本与劳动力可以任意替代，不具有实际意义，假定技术进步是外生变量也使得新古典模型对一些重要的增长事实无法解释。

3. 内生增长理论

由于新古典增长理论基于生产要素的收益率递减，其并未说明技术进步的来源，不能很好地解释增长。因而，20 世纪 80 年代中期，以卢卡斯、罗默为代表的经济学家，在新古典增长理论基础上探讨要素收益率递增、长期增长率大于零的前景。于是，以内生因素来解释经济增长的理论得以产生，这就是内生增长理论（The Theory of Endogenous Growth）或者新经济增长理论。

内生增长理论的主要创新在于把技术进步引入模型中，绕开了新古典增长模型中报酬递减的途径，着重解释了内生的技术进步是保证经济持续增长的决定因素。首先，保罗·罗默（P. M. Romer）[①] 在 1986 年《收益递增经济增长模型》中提出的"收益递增"增长模型 $Y=[K(t)]^{\alpha}[(1-a)L(t)A(t)]^{(1-\alpha)}$ 始终强调知识与技术，特别突出研究与开发对经济增长的作用。其次，卢卡斯（Lucas[②]，1988）在《论经济发展的机制》中提出的以人力资本为基础的内生增长模型，以每人人力资本的形式设计的表达式为：$\dfrac{dh(t)}{dt}=h(t)\cdot\delta\cdot[1-u(t)]$，其中 $h(t)$ 代表人力资本。卢卡斯模型的贡献在于承认人力资本积累是经济得以持续增长的决定性因素，尤其是人力资本的外部效应，使生产具有递增收益。内生增长理论表明劳动投入过程包含人力资本，物质资本积累过程包含技术进步，技术创新是经济增长的源泉。因此，以投资教育和提高研究开发为重点的人力资本存量等形式促进技术进步的政策措施显得十分必要。

4. 经济成长阶段理论

1960 年，美国经济学家罗斯托（Rostow）[③] 在《经济成长的阶段》中以社会中的主导部门为标准，将一个国家的经济发展过程分为 5 个阶段，1971 年

① ROMER P M. Increasing returns and long-run growth [J]. Journal of political economy, 1986, 94: 1002-1037.

② LUCAS R E. On the mechanics of economic development [J]. Journal of monetary economics, 1988, 22: 783-792.

③ ROSTOW W W. The stages of economic growth [M]. Cambridge, Mass: Cambridge University Press, 1960.

又增加了第 6 阶段①——分别是传统社会阶段、准备起飞阶段、起飞阶段、走向成熟阶段、高额群众消费阶段和追求生活质量阶段。其中在传统社会阶段，没有现代科学技术，农业是经济主体，社会似乎对现代化毫无兴趣；在准备起飞阶段，农业的发展具有基础性的作用，该阶段的转变有限，人均实际收入缓慢增长；在起飞阶段，新工业扩张迅速；在走向成熟阶段，经济中已经有效地吸收了当时技术的先进成果，实施技术改进、工业扩张，对外贸易额上升；在高额群众消费阶段，工业高度发达，社会对高额耐用消费品的使用普遍化；在追求生活质量阶段，人类社会不再只以物质产量的多少来衡量社会的成就，而以生活质量的高低程度作为衡量标准。该理论对落后国家追赶先进国家具有重要的指导意义，所以是一种重要的现代化理论。

5. 理论启示

西方经济增长理论主要探讨关于促进经济增长源泉的理论；这些源泉包括劳动、资本存量规模、自然资源、人力资本、知识进步（包括技术知识、管理知识进步）等。尤其是在当前科学技术是第一生产力时代下，将技术纳入经济学研究范畴，强调人民生活质量，对于当前我国加快经济发展方式转变、加快建设创新型国家、提高经济发展效益和质量、为高质量发展背景下中国经济发展提质增效指明了方向和路径。

2.2.3 习近平新时代中国特色社会主义经济思想

1. 理论逻辑

在 2017 年中央经济工作会议上，正式提出了以新发展理念为主要内容的习近平新时代中国特色社会主义经济思想理论②，此后逐渐形成了严谨科学的逻辑体系。首先，从时代提出的发展命题出发，指出我国已经进入中国特色社会主义新时代，将坚持党对经济工作的集中统一领导作为逻辑统领，将我国社会主要矛盾已经发生新变化作为立论依据，将全面建设社会主义现代化强国作

---

① ROSTOW W W. Theorists of economic growth from David Hume to the present [M]. Oxford: Oxford University Press, 1993.

② 人民日报评论员. 坚持习近平新时代中国特色社会主义经济思想——论贯彻落实中央经济工作会议精神 [N]. 人民日报, 2017-12-22.

为逻辑指向。其次，从"发展是人类社会永恒的主题"① 这一命题入手，将贯彻新发展理念、推动经济高质量发展作为逻辑枢纽，将贯彻新发展理念基本方略的建设现代化经济体系作为逻辑重心。最后，指出中国特色社会主义发展最终是以人民为中心的发展作为逻辑主线。

2. 主要观点

习近平新时代中国特色社会主义经济思想定位于实现三重目标，即实现高质量发展、建设现代化经济体系及满足人民日益增长的美好生活需要。其主要观点有：第一，坚持和加强党对经济工作的集中统一领导，是中国特色社会主义经济发展的一条基本原理，是我国经济沿着正确方向发展的重要保障。第二，"创新、协调、绿色、开放、共享"五大发展理念统领经济社会发展全局。坚持创新发展，更加注重解决发展动力问题；坚持协调发展，更加注重解决发展不平衡问题；坚持绿色发展，更加注重解决人与自然和谐问题；坚持开放发展，更加注重解决发展内外联动问题；坚持共享发展，更加注重解决社会公平正义问题。第三，充分尊重经济规律，深化供给侧结构性改革，以新发展理念为指导，把建设现代化经济体系作为我国发展的战略目标。第四，中国经济高质量发展迫切要求建设现代化经济体系，推动中国经济从高速增长阶段转向高质量发展阶段。第五，坚持以人民为中心的发展思想，始终站在人民的立场上谋发展，顺应人民群众对美好生活的向往，统筹推进"五位一体"② 总体布局，协调推进"四个全面"③ 战略布局。第六，丰富经济发展的政策体系，即转变政府职能和完善市场体系的政策体系、完善社会主义基本经济制度的政策体系、区域协调发展战略政策体系、实施创新驱动政策体系、建设创新型国家的政策体系、实施乡村振兴战略政策体系、加快生态文明建设的政策体系等。

3. 理论启示

习近平新时代中国特色社会主义经济思想是在后金融危机时代下如何转变中国经济发展模式的背景下应运而生的。该经济思想所强调的五大发展理念、供给侧结构性改革、以人民为中心的发展、高质量发展、建设现代化经济体系

---

① 中共中央文献研究室. 习近平关于社会主义经济建设论述摘编 [M]. 北京：中央文献出版社，2017：14.

② "五位一体"是指经济建设、政治建设、文化建设、社会建设、生态文明建设。

③ "四个全面"是指全面建成小康社会、全面深化改革、全面依法治国、全面从严治党。

等内容与本书所要研究的经济发展方式转变内涵密切相关。一方面，经济发展方式转变进程必须以以新发展理念为主要内容的习近平新时代中国特色社会主义经济思想为引领。另一方面，习近平新时代中国特色社会主义经济思想为适应新时代发展要求的经济发展方式转变测度体系提供了理论基础与实践测算依据。

2.2.4 增长极理论

1. 增长极理论发展历程

增长极理论是以欠发达国家或地区经济发展模式为研究对象，指导促进区域经济发展的基础理论。该理论是在 20 世纪四五十年代西方经济学家关于一国经济平衡增长或不平衡增长大论战的时代背景下产生的。1955 年，增长极（growth pole）概念首次在法国经济学者 F. Perroux[①] 出版的《略论"增长极"的概念》一书中提出。1957 年，其学生法国经济学家布代维尔（J. R. Boudeville）将地理空间范畴（geographical space）引入，提出了"增长中心"（growth centers）的空间概念。20 世纪 50 年代后，以瑞典经济学家缪尔达尔（G. Myrdal）[②] 提出的"回波-扩散"理论、美国经济学家赫希曼（A. O. Hirschman）[③] 提出的"极化-涓流"理论为典型代表，阐释了增长极与外围经济活动的互动发展作用机制，进一步补充和发展了增长极理论。

2. 增长极理论的基本观点

增长极理论指出区域经济空间是经济变量在地理空间之中或之上的运用。其基本观点有：①一个国家要实现平衡发展在现实中是不可能的，要依靠条件较好的少数地区和少数产业带动区域经济增长，从而使得数个"增长中心"逐渐向其他部门或地区传导。因此，应选择特定的地理空间作为增长极。②经济空间存在着诸多天然形成或自上而下构成的中心或极，增长极形成与发展过程会产生极化效应和扩散效应，从而形成一定空间范围的类似磁极作用的"磁场"区域。非均衡发展的极化和扩散现象是这些区域经济发展的常态。

---

① PERROUX F. A note on the notion of growth pole [J]. Applied economy, 1 (2) 1955: 307-320.

② MYRDAL G. Economic theory and underdeveloped regions [M]. London: Duckworth, 1957.

③ HIRSCHMAN A O. The strategy of economic development [M]. New Haven: Yale University Press, 1958: 69-135.

③极化效应与扩散效应是增长极与外围地区空间联系的基本作用机制。一方面吸引周边区域的劳动力、资金等经济要素，抑制周围地区经济的发展，从而迅速扩大极点的经济实力。另一方面增长极地区发展到一定程度后，必然使得增长极地区的生产要素向周围地区返流，从而促进周围地区经济发展。④从极化空间的概念引申出来的各种离心力或向心力分别指向或发自若干中心（或极、焦点），但这些增长点或增长极不会同时在多个地方出现。

3. 理论启示

增长极理论广泛用于解决地区间的区域差距问题。通过统筹运用增长极理论及其衍生理论等，从定性角度对区域经济不平衡问题、空间极化过程与机理做较为全面和深入的剖析，从而有利于揭示发达地区和落后地区之间极化与扩散的相互作用关系，探究经济发展方式转变水平的空间经济联系机理、时空格局演化机制。

2.2.5 核心-外围理论

1. 核心-外围理论发展历程

该理论首先由拉丁美洲学者劳尔·普雷维什（Raul Prebisch）于 20 世纪 40 年代提出，主要从"中心-边缘"视角去阐明发达国家与落后国家间不平等体系及其发展模式与政策主张。[①] 1966 年美国地理学家弗里德曼（Friedmann）[②] 结合赫希曼等学者的理论成果，提出了关于区域空间结构和形态变化的"核心-外围"（core-periphery）理论，他将空间维度作为考察对象，得出经济体空间不均匀分布的内在机理，解释经济空间非均衡发展过程具有普遍适用性，从而奠定了新经济地理学的基础。

2. 核心-外围理论基本观点

该理论阐述了核心区与外围区的空间动态关系，其结构系统如图 2-3 所示。该理论的基本观点有：①在区域经济增长过程中，核心区是社会地域组织的一个次系统，核心动力在于中心地区的创新活动，核心区系统向其所支配的外围区传播创新成果，经济增长速度快，从而有助于相关空间系统的发展壮大。②外围区

---

① 劳尔·普雷维什. 外围资本主义：危机与改造 [M]. 苏振兴，袁兴昌，译. 北京：商务印书馆，1990.

② FRIEDMANN J. Regional development policy：A case study of Venezuela [J]. Urban studies，1966，4（3）：309-311.

是经济较为落后的区域，一般处在核心区域外围，与核心区域之间已建立一定程度的经济联系，具有资源集约利用和经济持续增长等特征，但必须依附核心区。③在区域经济增长过程中，核心与外围之间存在着不平等的发展关系，两者由孤立的、不平衡的关系演变为相互关联的、平衡发展的区域系统。其中核心区在空间系统中居支配地位，外围在发展上依赖于核心。另外通过边界的变化，区域的经济空间结构关系会不断调整变化，共同组成一个完整的空间系统。

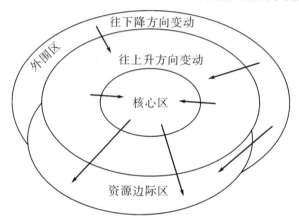

图 2-3 核心-外围结构系统图

3. 理论启示

核心-外围理论是揭示区域经济空间结构变化的理论，被广泛用于解决城乡差异、欠发达地区与发达地区发展等问题。该理论能较好地阐释区域经济结构演变的动态关系，通过将空间维度纳入经济发展方式转变理论当中，为经济发展方式转变的时空经济联系提供了分析基础，从而能够更有针对性地提出促进经济发展方式转变进而促进经济高质量发展的对策。

2.3 本章小结

本章主要对相关研究进行文献回顾和梳理，为后续研究奠定理论基础。首先，回顾了国内外关于经济发展方式转变概念和内涵的不同理解，归纳了关于经济发展方式转变的指标体系、评价方法及思路对策，梳理了与经济发展方式转变相关的时空演化特征、影响因素等，并指出以上研究成果存在的不足。其次，通过对本研究密切相关的理论基础进行梳理、思考与整合，并得到一定的理论启示。可持续发展理论为经济发展方式转变内涵提供理论支撑；西方经济增长理论为当前我国加快经济发展方式转变指明了路径方向；习近平新时代中国特色社会主义经济思想为构建经济发展方式转变评价体系提供了理论基础与实践测算依据；增长极理论为经济发展方式转变的时空格局演化机制提供了新的视角；核心－外围理论为经济发展方式转变的时空经济联系提供了分析基础。

3 中国经济发展方式转变的理论探讨

上一章对本研究的研究主题的学术研究背景进行了介绍。本章将在此基础上，梳理本研究所涉及的相关理论脉络。首先，剖析经济发展的基本含义与本质；其次，从经济发展方式的质的规定性角度，探讨经济发展方式的内涵与类型；再次，基于习近平新时代中国特色社会主义经济思想的核心理念，阐述新时代经济发展方式转变的内涵、特征；最后，从利益格局调整、边际效用视角，探讨经济发展方式转变的外部性问题并进行理论推论。

3.1 经济发展的含义与本质

3.1.1 经济发展的基本含义

传统经济学意义上的经济增长，狭义指 GDP 增长，属于宏观经济范畴，指某个国家或地区生产产品或提供服务的持续增长，受投资量、劳动量、生产率水平等因素的影响；通常用 GNP 或 GDP 来衡量，它构成了经济发展（economic development）的物质基础。经济发展涉及的内容超过了单纯的经济增长，比经济增长更为广泛。经济发展就是在经济增长的基础上，一个国家或者地区按人口平均实际福利增长的过程，不仅是财富和经济机体的量的增加和扩张，还包括经济质量的改善和提高，例如，经济结构优化、经济稳定运行、投入产出效益提高、分配公平化、充分就业、人均寿命延长及人的现代化进程加快等。经济发展除了总产量增长和人均增长外，更强调经济发展质量和效益的提高。因此，这二者的关系是：经济发展是经济增长的高级形态，是经济增长的升华和延续。

3.1.2 经济发展的本质

马克思认为："人的本质就是一切社会关系的总和。"① 人的全面发展可以概括为人的需要、人的能力、人的个性、人的社会关系的全面发展。本书认为经济发展的本质就是人的发展。一方面，经济发展是人的发展的必要基础。人的生存和发展始于经济活动，要通过经济活动来改造外部世界，物质生活资料的生产是人生存和发展的必要前提。人的全面发展离不开物质资料生产等相关经济活动，只有社会的生产力发展水平越来越高，个人的发展空间才会越来越大；只有当社会的物质文明越来越发达，人的生存才会越来越有保障，从而促进人的全面发展。另一方面，人的发展是经济发展的最终追求，经济发展是为了更好满足人民对美好生活的需要。人的劳动创造了财富，创造财富是为了满足人类自身的需要和实现自身的全面发展。促进人的全面发展、朝着共同富裕方向稳步前进作为经济发展的出发点和落脚点，就要通过深化改革、创新驱动，提高经济发展质量和效益；就要全面调动人的积极性、主动性、创造性；就要坚持人民主体地位，满足人民群众对美好生活的向往，最终使经济发展成果更多、更公平地惠及全体人民。

3.2 经济发展方式的内涵与类型

3.2.1 经济发展方式的内涵

经济发展方式是最终实现经济发展的方法、手段和模式，是社会各种进步理念、转型发展思路、生产要素优化组合、体制机制创新等的集合。一般而言，经济发展方式比经济增长方式具有更加广泛和深刻的含义，它包括结构（经济、产业、城乡等）、运行质量、经济效益、收入分配、环境保护、现代

---

① 马克思，恩格斯. 马克思恩格斯文集：第1卷 [M]. 北京：人民出版社，2009：56.

化进程等方面的内容。本书认为经济发展方式是随着经济发展水平、文明程度的提高而不断变化的，是在一定的经济发展阶段表现出来的实现经济发展的方式或手段，是人类自身能力的体现。它要求在经济、社会、生态效益相结合，人与社会、人与自然相协调的原则下，实现经济质量、效率、动力变革，资源永续利用，环境持续改善，追求经济运行中质量的提升和结构的优化，不断满足人民对美好生活的需要，从而推动中国经济社会全面、健康、可持续、高质量发展。

3.2.2 经济发展方式的类型

不同的经济发展阶段赋予了经济发展方式质的规定性，这种质的规定性是随着社会生产力水平的提升而不断发展的。具体而言，经济发展方式按不同经济发展阶段可以划分为以下几种类型：

（1）从马克思把资本主义生产方式概括为外延式扩大再生产和内涵式扩大再生产的类比视角，可以将经济发展方式分为外延粗放型经济发展方式和内涵集约型经济发展方式。

外延粗放型经济发展方式是指在生产技术水平较低的情况下，主要依靠增加资源、扩大厂房、增加劳动等生产要素投入来促进增加产量的发展方式。在广大发展中国家的经济发展初期阶段或起飞阶段，为实现经济总量的快速赶超而广泛采用这种发展方式。但这种发展方式是靠高投入、高消耗、高污染来支撑的，必定遭遇经济发展瓶颈。内涵集约型经济发展方式是指在生产规模不变的基础上，采用新技术、新工艺，改进机器设备，加大科技含量的方式来增加产量的发展方式。这种经济发展方式在欧美发达资本主义国家被广泛采用。由于该发展方式主要依靠科技革新、科学管理、知识积累、制度完善等来实现经济增长，因此，从粗放型到集约型的转变是当前我国经济发展的必然要求。

（2）从要素组合视角，可以将经济发展方式分为劳动密集型经济发展方式、资本密集型经济发展方式和技术密集型经济发展方式。

劳动密集型经济发展方式是指主要依靠劳动者数量而非劳动者质量扩大生产规模从而促进经济增长的发展方式。其表现为劳动生产率较低，在国家或地区拥有劳动力成本低的比较优势、资源匮乏、科技落后等情况下成为最佳选择。资本密集型经济发展方式是指主要依靠资本投入数量的增长扩大生产规模从而促进经济较快增长的方式。其表现为资本利用效率较低，在特定的拥有丰富资源和资本的国家和地区（如中东产油国）成为最佳选择。技术密集型经济发展方式是指主要依靠投入先进的科学技术和管理创新扩大生产规模从而推动经济增长的经济发展方式。其表现形式为大幅度提高资源利用效率和劳动生产率，而生产成本则大幅度降低等。因此，这是科技先进、管理科学的国家和地区（如美欧发达国家、日本等）广泛采用的经济发展方式。

（3）从拉动经济增长的动力视角，可以将经济发展方式分为投资驱动型经济发展方式、出口导向型经济发展方式和消费驱动型经济发展方式。

投资驱动型经济发展方式是指主要依靠大规模基础设施建设投资（政府投资、私人投资、吸引外资）拉动经济增长的发展方式。其表现形式为高储蓄率、高投资率和低消费率并存，因而容易导致经济发展的不平衡和贫富差距扩大。这种经济模式在我国持续采用了 40 年之久，现阶段投资驱动已难以为继，必须转向以创新驱动为主。出口导向型经济发展方式是指主要依靠大规模对外贸易（尤其出口），增加净出口对本国经济增长的贡献，从而拉动经济增长的发展方式。其表现形式为规模经济效益好，开拓市场强，创造的就业机会多，但对外部经济的依赖性强，会增加本国经济不稳定风险。在国际分工中具有比较优势的国家和地区，这种经济发展方式往往成为其促进经济发展的最佳选择（如二战后的日本）。消费驱动型经济发展方式是指主要依靠国内消费需求的扩张提高消费对经济增长的贡献率的发展方式。其主要表现形式为以满足人民群众的真正需求为出发点，以实现最终消费为目的，但也容易造成发展的滞后和过度消费。目前我国已确立并采用消费增长型经济发展模式，主要因为：一是供给侧结构性改革推动了有效供给的增加；二是"互联网+"、创新驱动等所带来的新动能、新业态、新增长点，带动了有效需求的上升；三是减税、推动居民收入持续增长、低收入群体民生兜底等政策的实施惠及于民，带动了企业、居民等的总需求的上升。

3.3　新时代经济发展方式转变的历程、内涵与特征

3.3.1　转变历程

改革开放 40 多年来，我国在推进改革开放和社会主义现代化建设中，以

邓小平、江泽民、胡锦涛、习近平为代表的中国共产党人,在探索转变经济发展方式的道路上上下求索,并积累了宝贵经验。1982年,党的十二大提出"把全部经济工作转到以提高经济效益为中心的轨道上来",开启了转变粗放型经济发展方式的进程。1987年,党的十三大提出"要从粗放经营为主逐步转向集约经营为主的轨道",我国转变经济增长方式步入了初始探索阶段。1992年,党的十四大提出建立社会主义市场经济体制,明确市场化改革是经济增长方式转变的根本途径。1995年,党的十四届五中全会提出实现经济增长方式从粗放型向集约型转变,标志着探索经济发展方式的转变取得了阶段性理论成果。1997年,党的十五大提出"转变经济增长方式,改变高投入、低产出,高消耗、低效益的状况",进一步明确了转变经济增长方式的有效路径。2003年,党的十六届三中全会提出"坚持以人为本,树立全面、协调、可持续发展观"的科学发展观思想,是中央关于经济发展理念的重大转变。2007年,党的十七大报告中首次提出"转变经济发展方式"的概念,标志着转变经济发展方式战略的确立。2012年,党的十八大指出"以科学发展为主题,以加快转变经济发展方式为主线,是关系我国发展全局的战略抉择",意味着我国在探索转变经济发展方式方面有了新认识。2013年,党的十八届三中全会明确提出"加快转变经济发展方式,推动经济更有效率、更加公平、更可持续发展",强调在经济发展中突出质量效益和转型升级。2017年,党的十九大更将建设现代化经济体系确定为转变经济发展方式的整体战略目标。2018年国务院政府工作报告指出我国经济的目标就是要推动质量变革、效率变革、动力变革。我国要着力推动高质量发展,坚持质量第一,效益优先,全面提高经济整体竞争力。综上所述,经过近40年的探索,我国对转变经济发展方式的内涵、重要性与转变方式的认识不断深化。转变经济发展方式越来越成为我国经济发展的主线,贯穿于未来经济社会发展全过程和各领域。

3.3.2 新时代经济发展方式转变的内涵

从基本经济学意义上讲,"经济发展方式就是达到一定经济发展目标的实现路径和模式"(李书昊,2019)①;在理论导向方面,党的十九大指出"我国

---

① 李书昊. 新时代中国经济发展方式转变的测度研究 [J]. 经济学家, 2019 (1): 53-61.

经济已由高速增长阶段转向高质量发展阶段"①，表明转变经济发展方式是中国经济由高速度增长转向高质量发展的必由之路，必须从规模速度型转向质量效益型。在实践取向方面，不仅包括发展方式由粗放型向集约型转变，而且包括经济发展与人口、资源、环境相协调，进而实现可持续发展。具体而言，要更加注重经济增长的稳定性，更加注重经济效率转型，更加注重生态环境破坏的减少、资源的高效利用以及人的全面发展。因此，新时代经济发展方式转变的内涵，不仅要把握经济方式转变的过程与结果，还要把握短期与长远、个人与社会、局部与整体、前景与潜力、质量和效益等多重关系的统一。基于此，本研究结合以新发展理念为主要内容的习近平新时代中国特色社会主义经济思想，提炼适用于新时代的更加全面的综合的中国经济发展方式转变的内涵逻辑主线。

1. 经济增长稳定是经济发展方式转变的基础形态

经济增长稳定是新时代经济发展方式转变的最基本形态，这有利于经济总量和人均 GDP 得到稳步增长，防止出现剧烈的波动。若经济增长缺乏稳定性，经济建设就不会稳固（任保平，2018）②。国家统计局发布的数据表明，2018年中国消费者物价指数（consumer price index，CPI）较上年上涨 2.1%，生产者物价指数（producer price index，PPI）较上年上涨 7.5%，城镇登记失业率为 4.2%，比 2017 年下降 0.1 个百分点。因此，提升中国经济增长的稳定性，避免经济增长剧烈波动，确保我国宏观经济指标保持在合理区间，全面做好"六稳"③ 工作，贯穿于新时代中国经济发展方式转变的全过程。

2. 创新驱动是经济发展方式转变的核心依托

随着人口红利和资源红利的消失，过去依赖资金、资源、人力等生产要素投入驱动经济增长的路径难以为继。那么，通过创新引领，推进创新动能转换无疑已经成为我国经济发展的迫切要求。通过依靠科技进步、劳动者素质提高、管理创新来驱动经济增长已经成为加快经济发展方式转变的关键。因此，新时代将提升创新驱动发展能力作为经济发展方式转变的核心，以创新驱动中

---

① 习近平. 决胜全面建成小康社会 夺取新时代中国特色社会主义伟大胜利［M］. 北京：人民出版社，2017.

② 任保平. 新时代中国经济从高速增长转向高质量发展：理论阐释与实践取向［J］. 学术月刊，2018（3）：66-74.

③ 六稳：稳就业、稳金融、稳外贸、稳外资、稳投资、稳预期。

国经济转型发展，扩大创新驱动的投入产出比，增强科技创新成果成效，打通科技创新的"最后一公里"，真正进一步将科技创新作为建设现代化经济体系的战略支撑。

3. 市场机制完善是经济发展方式转变的有效途径

当前阶段，市场经济体制不完善的核心问题是政府对资源的直接配置、不合理干预过多，导致各类经济主体的市场活力不足。在新时代，要推进以市场化为核心的经济改革，使之成为中国经济发展方式转变的重要途径。要更加注重发挥市场在资源配置中的决定性作用，促进市场机制完善，把市场活力和社会创造力充分释放出来；必须不断促进政府职能转变，减少政府在经济发展方式转变中的过多干预；必须坚持"两个毫不动摇"①，持续优化营商环境，支持和推动民营经济高质量发展，实现地方政府自身利益与社会公众经济社会利益的结合，推进新时代中国经济市场化进程。

4. 经济结构优化是经济发展方式转变的内在要求

经济结构失衡在一定程度上制约着我国经济发展方式转变的进程。我国过去主要依靠要素低成本投入、外需拉动、粗放发展的模式已难以为继。目前中国经济遭遇"前堵后追"，即发达国家纷纷试图抢占新一轮产业变革制高点，一些新兴经济体试图利用比我国更低的成本优势积极接纳国际制造业转移，力求打造新的"世界工厂"。因此，构建面向未来的经济结构势在必行。新时代中国经济发展方式转变应注重不断打破经济结构低端锁定，推进产业结构优化升级，改善投资消费结构，完善开放结构，协调区域结构等。

5. 资源高效利用是经济发展方式转变的表现形式

我国在长期的经济增长中过度依赖土地、资本、劳动力等要素资源的投入，却忽略了要素合理配置问题，没能使较低资源要素投入获取更高的经济成果产出，资源浪费严重。因此，新时代高质量发展必须以经济发展方式的转变为基础引领，要更加注重资源高效利用问题，在提高资源利用效率上下功夫，不断提升资源要素的投入产出效率和全要素生产率；要持续推进各种资源集约节约，加快新旧动能转换，实现"以质量求发展"，促进资源合理优化配置，从而实现中国经济更有效率的发展。

---

① 两个毫不动摇：毫不动摇地巩固和发展公有制经济；毫不动摇地鼓励、支持、引导非国有经济的发展。

6. 绿色发展是经济发展方式转变的普遍形态

传统的大量资源投入驱动经济增长的模式，在促进经济快速增长的同时也给生态环境带来了前所未有的压力。在新时代，中国经济发展方式转变必须不断贯彻绿色发展理念。2012年，党的十八大将生态文明建设纳入"五位一体"总体布局，拉开了实施"美丽中国"总体部署的序幕。2015年，党的十八届五中全会将"绿色"作为"五大发展"①的核心理念之一，吹响了绿色发展总动员号角。2017年，党的十九大报告勾画"绿色路线图"，要建设富强、民主、文明、和谐、美丽的社会主义现代化强国。因此，新时代中国经济发展方式应朝着环保化、低碳化方向转变，努力践行绿水青山就是金山银山的理念②；更加重视生态环境保护，推动国土绿化高质量发展，追求绿色的经济增长方式和绿色GDP，倡导绿色发展模式，最终将生产力的发展调向保护，将生态财富纳入财富理论，使绿色发展成为经济发展方式转变路径规划的普遍意识形态。

7. 人民生活美好是经济发展方式转变的价值导向

经济发展方式转变的目的是促进人的发展，因此必须将人的全面发展需求摆在中国经济发展的最高位置。人民对美好生活的向往，就是我们的奋斗目标。③步入新时代，更强调以人民为中心的发展和人的主体地位。新时代中国经济发展方式转变就要不断提高人民的获得感和生活幸福感。从病有所医到全民健康，满足人民对高水平医疗卫生服务的需要；从住有所居到住有所适，满足人民对更舒适居住条件的需要；从环境保护到生态文明，满足人民对更优美的生态环境的需要；从劳有所得到劳有多得，满足人民对更满意的收入的需要；从文以化之到精神乐之，满足人民对更丰富的精神文化的需要；等等。总之，新时代的经济发展方式转变的价值导向就是不断满足人民日益增长的美好生活需要，从而不断增强人民的获得感、幸福感、安全感。

综上所述，新时代我国经济发展方式转变的内涵是在习近平新时代中国特色社会主义经济思想的指导下，坚持经济效益、社会效益及生态效益最佳结合

---

① 五大发展理念：创新、协调、绿色、开放、共享。

② 中共中央宣传部. 习近平总书记系列重要讲话读本（2016年版）[M]. 北京：学习出版社，人民出版社，2016.

③ 中共中央文献研究室. 十八大以来重要文献选编：上 [M]. 北京：中央文献出版社，2014.

原则，以经济增长稳定为基础，以创新驱动为核心，发挥市场机制的决定性作用，达到经济结构优化和资源高效利用，促进绿色发展，最终满足人民美好生活的需要。在党的十九大提出的新时代"三步走"战略新要求下①，加快经济发展方式转变不仅是全面贯彻落实习近平新时代中国特色社会主义思想的重要内容，也是对以往经济发展方式的深刻反思和超越。

3.3.3 新时代经济发展方式转变的基本特征

进入新时代的经济发展方式转变，是对以往经济发展方式的深刻反思和超越，阐明了转变方向和目标模式。其基本特征框架如图 3-1 所示。

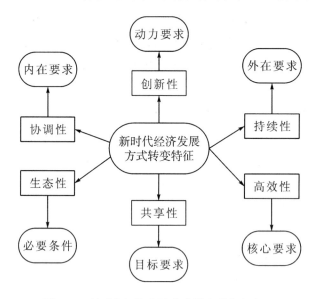

图 3-1　新时代经济发展方式转变特征框架图

1. 创新性

经济发展方式转变的创新性特征是动力要求，主要体现在：一方面，理论创新是社会发展的不竭动力。新时代背景下，将"人与自然和谐共生""绿水青山就是金山银山""改善环境就是保护生产力"等新发展理念积极融入经济发展方式转变中，从而创新出新的财富观。故此，新时代中国经济发展方式转

---

① 新时代"三步走"战略：第一步，到 2020 年，全面建成小康社会；第二步，到 2035 年，基本实现社会主义现代化；第三步，到 2050 年，把我国建成富强、民主、文明、和谐、美丽的社会主义现代化强国。

变的理论是不断发展和与时俱进的理论，是理论自信的子集，也是"四个自信"① 的一部分。另一方面，经济发展方式转变的根本动力是科技创新。2018年，我国科技创新能力大幅增强，对经济的贡献率为58.5%，但仍与发达国家有一定差距。因而，未来要继续补齐科技创新短板，继续依靠科技进步实现新时代经济发展的质量变革、效率变革、动力变革，大力推动互联网、大数据、人工智能技术等技术创新。唯有如此，我国高质量的经济发展才能行稳致远。

2. 生态性

生态性是经济发展方式转变的必要条件，新时代经济发展方式转变必须以保护、改善和治理生态环境为内容，体现其生态性特征。要处理好经济发展同生态环境保护的关系，坚持人口、经济与资源环境相均衡的理念，要在实现生态环境和自然资源永续利用基础上，实现人与自然和谐共生。因而，要以习近平生态文明思想为指导②，把经济发展方式从粗放型转向集约型，节约资源，保护环境，增强人与自然的有机联系，推动形成人与自然和谐发展新格局，从而使经济效益、社会效益、生态效益达到最佳统一。

3. 持续性

持续性是经济发展方式转变的外在要求，是经济发展方式转变具有生命力的体现，反映经济发展方式转变的目标参照系与经济社会发展的动态联系。其持续性特征主要体现在生态、经济、社会的可持续性三个方面。首先，生态持续性是基础。在经济发展方式转变过程中强调绿色发展、低碳发展、循环发展，实现更高质量、更有效率的发展，就表明要注重经济发展与所依赖的资源环境相协调。其次，经济持续性是条件。进入新时代，经济发展方式转变必须针对传统模式进行变革和创新，要扬弃过去数量型的经济发展模式，更注重增长质量的变革。最后，社会可持续性是目的。必须从依靠增加物质资源消耗向主要依靠科技进步、劳动者素质提高、管理创新转变，以达到社会可持续目的。总之，生态、经济、社会的可持续性三者紧密相连，不可分割。

---

① 四个自信：中国特色社会主义道路自信、理论自信、制度自信、文化自信。
② 中共中央文献研究室. 习近平关于社会主义生态文明建设论述摘编［G］. 北京：中央文献出版社，2017.

4. 协调性

协调性是经济发展方式转变的内在要求，主要体现在：一方面，社会经济结构的协调互进。新时代中国经济发展方式转变应注重结构均衡性，逐步解决收入分配、城乡、区域、投资、消费、开放等结构不充分、不平衡问题，不断打破低端经济结构制约，促进各结构体系实现有序发展、协调发展。另一方面，协调各种利益关系。在经济发展方式转变过程中，要注重协调好各方面利益格局，特别是要处理好政府与市场、改革与稳定、整体与局部、局部与局部、当前与长远等各种复杂关系，反思现有的发展方式和生活方式，探索适应新时代要求的经济发展方式转变路径，统筹兼顾各种利益关系，化解矛盾，实现人民富裕、国家富强、民族振兴。

5. 高效性

经济发展方式转变的高效性特征是核心要求，主要体现在：一方面，中国特色社会主义进入新时代，更强调绿色发展效率，绿色经济化、效益最大化。因此，必须改变传统"高投入、高消耗、高污染、低效益"模式，转向高效利用资源、减少环境污染、注重质量效应的发展模式。另一方面，进入新时代，更强调经济效益、社会效益及生态效益组合最佳，体现出自然资源、生态环境的永续利用及效益最大化。因此，必须以最少的资源、能源消耗，获得最大的经济效益，从而助推中国经济高质量转型发展。

6. 共享性

经济发展方式转变强调以人民为中心的发展，其出发点和落脚点都是最广大人民的根本利益，体现了共享性特征。一方面，人民是经济发展方式转变的主体和推动者。经济发展方式转变需要人民进一步发挥主观能动性，正确处理好经济发展与环境保护的关系，不断改革与创新，进一步完善社会公平保障体系，引领创造新的有效生产和供给，优化消费结构，推动经济提质增效。另一方面，经济发展方式转变最终是为了人民。这就要求转变经济发展方式要突出"富民"，实现经济发展成果由全体人民共享；要突出"惠民"，实现更多成果更公平地惠及全体人民；要突出"利民"，实现不断满足人民日益增长的美好生活需要。

3.4　经济发展方式转变的外部性问题及理论推论

3.4.1　经济发展方式转变的外部性问题

1928 年，庇古（Pigou）最早提出外部性（externality）理论[①]。此后关于传统外部性的定义还未形成共识。帕利威尔等人（1999）[②] 指出外部性是指"一个人或一群人的行动和决策使另一个人或一群人受损或受益的情况，而受益者无须花费代价，受损者也没有获得应有的报酬"的现象。外部性是现代经济的固有现象，且其与环境资源的使用具有内在联系。在政府主导型经济体制下，政府既是经济发展方式转变的倡导者又是制约者，但政府更易按照自身利益对经济发展进行宏观调控，从而忽视甚至阻碍社会公众利益的实现。因此，当政府官员自身利益与社会公众利益不一致时，外部性问题必然产生。

基于外部性的定义不难发现，外部性有正和负的外部性，外部性会发生在做出经济发展方式转变决策的责任主体（政府）上。当 A 地区（政府）积极参与倡导经济发展方式转变时，B 地区（政府）即使不付出任何努力，也能享受到经济发展方式转变所带来的人民生活改善、青山绿水、资源合理配置等方面的福利。也就是说，B 地区（政府）的社会福利函数 W_B，是其自身经济发展方式转变投入的量（成本）X_1，X_2，$\cdots$，X_n 和 A 地区（政府）的社会福利的 W_A 函数。

$$W_B = F（X_1，X_2，\cdots，X_n；W_A）\qquad (3-1)$$

经济发展方式的转变，本质上在于利益格局的重新调整，具有典型的正的外部性，表现出作为经济主体决策者的地方政府的边际私人收益或边际社会收益偏离实际。即若地方政府官员更加关注其在"官场"升迁机遇的政治锦标赛，并在这种体制下推动粗放型经济增长[③]，那么必定会导致边际私人收益

①　庇古. 福利经济学 [M]. 朱泱，张胜纪，吴良建，译. 北京：商务印书馆，2006.

②　PALIWAL R，GEEVARGHESE G A，BABU P R，et al. Valuation of landmass degradation using fuzzy hedonic method：A case study of national capital region [J]. Environmental and resource economics，1999，14：519-543.

③　周黎安. 中国地方官员的晋升锦标赛模式研究 [J]. 经济研究，2007（7）：52-61.

（政府官员自身利益）大于边际社会收益（社会公众利益），从而阻碍经济发展方式的转型；若地方政府官员更加关注集约型经济发展，那么必定会导致边际私人收益（政府官员自身利益）小于边际社会收益（社会公众利益），从而有利于经济发展方式的转型。因此，若要实现帕累托最优，就必须使边际私人成本（政府官员自身利益）等于边际社会收益（社会公众利益）。然而，在经济发展方式转变存在正外部性的情况下，受益者不仅仅是作为经济主体决策者的某地方政府，该地方政府的邻近区域（空间溢出显著）、全体国民乃至全国的经济发展都能够因此而得到优化。而作为经济主体决策者的地方政府却无法获得与正外部性等价的收益，因而必然承担大量的经济发展方式转变成本。由此可见，在没有补偿性质的考核与晋升激励机制存在的情况下，地方政府难以获得与经济发展方式转变正外部性等价的收益，进而不利于中国经济发展的提质增效。

经济发展方式转变的正外部性可用图 3-2 表示。由图可知，当存在正外部性时，边际私人收益 MPB（政府官员自身利益）小于边际社会收益 MSB（社会公众利益），那么正外部性 MEB 为这两者之间的差额。假定地方政府是理性经济人，此时经济发展方式转变水平 R_1 是由边际私人收益 MPB 与边际成本 MC 共同决定的，显然要小于边际社会收益 MSB 与边际成本 MC 共同决定的最优经济发展方式转变水平 R^*。若要求地方政府对经济发展方式转变水平由 R_1 提升至 R^*，则需要杜绝地方政府利益与社会公众利益不一致情况。因此，通过改革现有以 GDP 为导向的经济发展考核与政府官员晋升激励机制，使地方政府在转变经济发展中受益，这样政府才会主动进行发展方式转型。

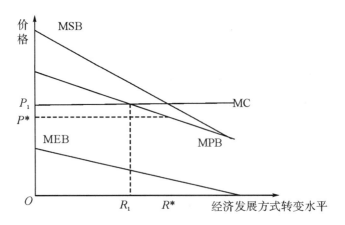

图 3-2　经济发展方式转变的正外部性

3.4.2 经济发展方式转变的理论推论

经济发展方式转变是一个动态的包含多维社会空间的复杂过程。在新时代背景下，经济发展方式转变的考察维度包括经济增长稳定、创新驱动发展、市场机制完善、经济结构优化、绿色发展、资源高效利用、人民生活美好 7 个子系统，则经济发展方式转变的理论模型可表示为

$$EDPT = EDPT（Sta，Str，Inn，Mar，Gre，Res，Wel） \tag{3-2}$$

其中，EDPT 代表经济发展方式转变水平，Sta 代表经济增长稳定，Str 表示经济结构优化，Inn 表示创新驱动发展，Mar 表示市场机制完善，Gre 表示绿色发展，Res 表示资源高效利用，Wel 表示人民生活美好。假定函数（3-2）满足以下性质：对所有的维度均大于 0，且每一维度水平的改善都会带来函数（3-2）正的提高，但这种正向的作用在边际上是递减的，即；

$$\frac{\partial EDPT}{\partial Sta}>0，\quad \frac{\partial^2 EDPT}{\partial Sta^2}<0 \qquad\qquad \frac{\partial EDPT}{\partial Str}>0，\quad \frac{\partial^2 EDPT}{\partial Str^2}<0$$

$$\frac{\partial EDPT}{\partial Inn}>0，\quad \frac{\partial^2 EDPT}{\partial Inn^2}<0 \qquad\qquad \frac{\partial EDPT}{\partial Mar}>0，\quad \frac{\partial^2 EDPT}{\partial Mar^2}<0$$

$$\frac{\partial EDPT}{\partial Gre}>0，\quad \frac{\partial^2 EDPT}{\partial Gre^2}<0 \qquad\qquad \frac{\partial EDPT}{\partial Res}>0，\quad \frac{\partial^2 EDPT}{\partial Res^2}<0$$

$$\frac{\partial EDPT}{\partial Wel}>0，\quad \frac{\partial^2 EDPT}{\partial Wel^2}<0$$

进一步对模型（3-2）全微分可得：

$$dEDPT = \frac{\partial EDPT}{\partial Sta}\cdot dSta + \frac{\partial EDPT}{\partial Str}\cdot dStr + \frac{\partial EDPT}{\partial Inn}\cdot dInn + \frac{\partial EDPT}{\partial Mar}\cdot dMar + \frac{\partial EDPT}{\partial Gre}\cdot$$

$$dGre + \frac{\partial EDPT}{\partial Res}\cdot dRes + \frac{\partial EDPT}{\partial Wel}\cdot dWel \tag{3-3}$$

对（3-3）式两边同时乘以 $\frac{1}{EDPT}$，有

$$g = \xi_1 g_1 + \xi_2 g_2 + \xi_3 g_3 + \xi_4 g_4 + \xi_5 g_5 + \xi_6 g_6 + \xi_7 g_7 \tag{3-4}$$

其中，$g = \frac{dEDPT}{EDPT}$，表示经济发展方式转变的总增长率；$\xi_1 = \frac{\partial EDPT}{\partial Sta}\cdot\frac{Sta}{EDPT}$、$\xi_2 = \frac{\partial EDPT}{\partial Str}\cdot\frac{Str}{EDPT}$、$\xi_3 = \frac{\partial EDPT}{\partial Inn}\cdot\frac{Inn}{EDPT}$、$\xi_4 = \frac{\partial EDPT}{\partial Mar}\cdot\frac{Mar}{EDPT}$、$\xi_5 = \frac{\partial EDPT}{\partial Gre}\cdot$

$\frac{Gre}{EDPT}$、$\xi_6 = \frac{\partial EDPT}{\partial Res} \cdot \frac{Res}{EDPT}$、$\xi_7 = \frac{\partial EDPT}{\partial Wel} \cdot \frac{Wel}{EDPT}$，分别表示各子系统的产出弹

性；$g_1 = \frac{dSta}{Sta}$、$g_2 = \frac{dStr}{Str}$、$g_3 = \frac{dInn}{Inn}$、$g_4 = \frac{dMar}{Mar}$、$g_5 = \frac{dGre}{Gre}$、$g_6 = \frac{dRes}{Res}$、$g_7 = \frac{dWel}{Wel}$，

分别表示各个子系统的增长率。

由（3-4）式可知，经济发展方式转变水平的提升来自各子系统发生改善
的贡献，一方面依赖于各子系统增长率的提高，另一方面依赖于各子系统的产
出弹性。假定一定时期内各子系统的产出弹性不变，则提出以下理论推论：

如果经济增长稳定性没有出现剧烈波动，则经济稳定性的增强将有利于经
济发展方式转变的水平提升；当经济结构趋向于均衡时，经济发展方式转变的
水平会得到提升；随着创新驱动发展质量的提高，经济发展方式转变的水平将
得到提升；随着市场机制的完善，经济发展方式转变的水平将得到提升；当绿
色发展的质量提高时，经济发展方式转变的水平将得到提升；随着资源利用效
率的提高，经济发展方式转变的水平将得到提升；随着人民生活水平上升，经
济发展方式转变的水平将会得到提高。

3.5 本章小结

本章以"经济发展—经济发展方式—经济发展方式转变"为逻辑主线，
构建研究的理论脉络。基本研究结论如下：

第一，经济发展的本质就是人的发展。经济发展是人的发展的必要基础，
人的发展是经济发展的最终追求。

第二，新时代我国经济发展方式转变内涵就是在经济、社会、生态效益最佳
结合原则下，以经济增长稳定为基础，以创新驱动为核心，发挥市场的决定性作
用，达到经济结构优化和资源高效利用，促进绿色发展，最终满足人民美好生活
的需要。其基本特征是创新性、生态性、持续性、协调性、高效性、共享性。

第三，经济发展方式的转变，本质上在于利益格局的重新调整，具有典型
的正的外部性。若要实现帕累托最优必须使边际私人成本（政府官员自身利
益）等于边际社会收益（社会公众利益），必须通过改革现有经济发展考核与
政府官员晋升激励机制，使地方政府在转变经济发展方式中受益，这样地方政
府才会主动进行发展方式转型。

4 中国经济发展方式转变的测度体系构建及评价

上一章从理论层面解构了中国经济发展方式转变的理论脉络。本章将在此基础上提出适用于新时代发展要求的经济发展方式转变测度评价体系，然后采用"纵横向"拉开档次法对2007—2018年我国省域经济发展方式转变水平进行动态评价，并探讨各省域经济发展方式转变状况。

4.1 指标测度体系的构建

4.1.1 构建的原则

1. 科学性原则

建立中国经济发展方式转变的评价体系需要一定的理论基础，指标的物理意义必须明确，测度方法标准，统计方法规范，评价指标选择要符合经济发展方式转变的自身特点和状况，要能反映经济发展方式转变的含义、目标及实现程度；另外还要充分考虑指标间的相关性和独特性，既要避免过多造成的重叠和冗余，又要避免过少造成的信息遗漏，并且控制不同指标之间的关联度。

2. 客观性原则

评价体系的选取应以客观条件为依据，符合我国各省域人口、资源、环境、经济、社会发展的客观规律，以确保能准确、全面地反映符合区域新时代经济发展要求和理念的经济发展方式的转变过程；要尽可能多使用直接数据，避免使用经过间接量化、含有主观判断因素的间接数据，以保证数据的真实性和可检验性。此外，要保证指标数据来源的权威性和可信性，数据应多是选自各省统计年鉴和国家有关部门的统计年鉴等。

3. 可比性原则

中国经济发展方式转变指数既是就全国范围设计的测度指标体系，也是包括 31 个省域经济发展方式转变的指标体系；不仅是经济增长稳定、创新驱动发展、市场机制完善、经济结构优化、绿色发展、资源高效利用和人民生活美好七个方面综合的指标体系，也包括每一个子系统各自的发展方式转变测度，以此实现对不同省域空间差异的横向比较和分析。同时，该体系不能是一个孤立静止的体系，在测度经济发展方式转变上应该具有一定时间与空间的迁移性。因此，指标体系的设计要求各项指标尽可能采用国际上通用的名称、概念和计算方法，具备必要的可比性，能反映不同级别区域之间指标数据的一致性和可比性。

4. 系统性原则

中国经济发展方式转变是一个综合的指标体系，本研究根据习近平新时代中国特色社会主义经济思想关于经济发展方式转变的新理念所提炼的经济增长稳定、创新驱动发展、市场机制完善、经济结构优化、绿色发展、资源高效利用和人民生活美好七个方面就是一个综合系统。也就是说，中国经济发展方式转变水平要体现系统性——一方面要体现人口、资源、环境、经济、社会的系统性，另一方面要体现数据与指标的综合性，避免单一性指标带来的片面性。

5. 可得性原则

指标选择要考虑新数据取得的难易程度、可靠性和成本，还要保证可以量化计算，这是中国经济发展方式转变指数构建的基础，相关数据的选取、收集、运算及评价结果要具有实际意义，以定量指标为首选。如若选取的具体指标数据无法获得或者数据的精确性无法保证，就难以进行客观、合理的实际评价和分析。

6. 前瞻性原则

经济发展方式转变是一个多因素、不断发展变化的议题。中国经济发展实践经历了从党的十七大提出的"加快转变经济发展方式"，到十九大提出的"转变经济发展方式，建设现代化经济体系"，再到 2020 年中央经济工作会议指出我国要着力推动高质量发展的演变过程。因此，评价体系的构建要顺应新时代的新发展要求，应综合考虑动态变化的特点，要较好描述与度量未来的发展趋势。在指标选择上，既要有静态指标也要有动态指标，才能在实践中起到实际的指导作用，才能真正达到评价体系指标构建的目的。

4.1.2 测度指标体系的选取与说明

经济发展方式转变不是一个单一的概念，它具有非常丰富的内涵。本书在对中国经济发展方式转变的逻辑演变特征和人口、资源、环境、经济、社会发展基本要素进行分析的基础上，兼顾测度指标层次性与数据可得性，借鉴一些发达国家学者关于研究和评价国家现代化进程中的一系列指标体系与逻辑，例如，欧洲"2020战略"、日本"新增长战略"、韩国"绿色增长战略"等，再基于新时代中国经济发展方式转变的内涵逻辑主线，构建了适应新时代发展要求的经济发展方式转变的评价维度。具体而言，本书将从经济增长稳定、创新驱动发展、市场机制完善、经济结构优化、绿色发展、资源高效利用、人民生活美好七个维度衡量经济发展方式转变水平。由此在既定的范围之内以明确的标准进行指标的选择与指标体系的构建，以便对2007—2018年中国经济发展方式转变的时空演变格局及形成机制进行考察。

1. 经济增长稳定

经济增长意味着一个国家或地区人均产出（人均收入）水平的持续增加。经济稳定体现了经济增长的平稳性，没有出现经济增长的剧烈波动，规避了经济中的不确定性和风险。经济增长稳定是加快转变经济发展方式、实现经济高质量发展的前提；否则会加剧经济运行的不确实性和风险。经济波动则会影响社会形成有效的预期，影响经济的健康可持续发展。一般来讲，衡量经济增长稳定的态势可以从三个方面考察：一是产出的稳定。产出稳定指实际产出波动维持在较低水平，这有利于消除有害经济涨落，从而降低经济周期波动和提高经济增长的平稳程度。二是价格的稳定。价格稳定是指价格总水平的稳定，它是宏观经济政策的目标之一。价格波动程度维持在可控水平；价格稳定不是指每种商品的价格固定不变，而是指价格指数的相对稳定，即不出现通货膨胀或通货紧缩。价格稳定可以发挥市场机制对资源配置的决定性作用，从而有利于提升经济发展方式转变水平。三是就业的稳定。就业是民生之本，涉及千家万户，就业更是经济发展方式转变的优先目标。在高质量发展阶段，劳动力能否得到合理配置已成为影响经济增长的重要因素。就业率过低，会拉开贫富差距，造成社会不稳定。实现充分就业，缩小社会收入差距，是全面建成小康社会的重要目标。因此，本研究将经济增长稳定作为反映经济发展方式转变的分维度之一。

基于以上分析，本书选取的经济增长稳定指标主要有经济波动率、居民消费价格指数和城镇登记失业率。其中经济波动率可以揭示产出稳定性，反映了经济增长速度的波动程度。消费者价格指数（consumer price index，CPI）和城镇登记失业率（urban registered unemployment rate，RUR）可以分别揭示价格和就业市场的稳定性，分别反映物价水平的波动程度和就业市场的波动程度，这两类数据只需查询相关统计年鉴就可获得。而经济波动率需要简单地计算，本研究采用何兴邦（2018）[1] 的计算方法：

经济波动率 =（当年 GDP 增长率 - 去年 GDP 增长率）/去年 GDP 增长率

(4-1)

2. 创新驱动发展

1921 年美国经济学家熊彼特出版的《经济发展概论》一书，首次提出创新的概念。[2] 熊彼特认为创造性的破坏过程带来了新产品、新原料、新工艺、新组织形式，至此创新被视为经济长期增长的源泉。党的十九大报告提出了建设"创新型国家"的目标，新时代下要通过创新驱动发展引领经济发展方式转变，不断推动发展质量和效益提升。因此，本书创新驱动发展定义涵盖的内容包含三方面：一是创新的投入，通过创新的人力、物力、财力投入，反映国家创新体系中各主体的作用和关系；二是创新的产出，反映创新中间产出成果，体现创新活动的紧密结合程度和实质性成果；三是创新成效，反映创新对经济社会发展的影响，创新成果的不断涌现为培育经济发展新动能、推动经济高质量发展提供了有力支撑。因此，本研究将创新驱动发展作为反映经济发展方式转变的分维度之一。

关于创新驱动发展的测度，研究者们设计出多种度量指标。国外关于创新驱动发展的评价主要集中在国家创新能力的考量。例如，比较有影响力的硅谷合资企业地区研究学院发布的最新报告《2018 硅谷指数》（2018 Silicon Valley

① 何兴邦. 环境规制与中国经济增长质量——基于省际面板数据的实证分析 [J]. 当代经济研究，2018，40（2）：1-10.
② 约瑟夫·熊彼特. 经济发展理论 [M]. 叶华，译. 北京：九州出版社，2006：106-161.

Index），世界经济论坛发布的《全球竞争力报告2017—2018》①（Global Competitiveness Index，GCI），美国康奈尔大学、欧洲工商管理学院和世界知识产权组织最新发布的全球创新指数（global innovation index，GII）等都对此做了评价。而国内学者刘焕等（2015）②主要基于创新投入、创新活动和创新产出的逻辑框架构建了创新驱动发展的评价体系；吴卫红、李娜娜、张爱美等（2017）③认为创新驱动发展的投入指标应涵盖创新人力、财力等，创新产出指标应包括科技成果、经济效益、环境绩效等方面。李黎明等（2019）④建立了技术创新、制度创新、文化创新、创新发展4个方面的创新驱动发展评价指标体系。我国政府也分阶段建立了创新驱动发展的评价指标体系。例如，2017年科技部的《国家创新指数报告2016—2017》、2017年国家统计局的"中国创新指数"、中国科技发展战略研究小组的《中国区域创新能力评价报告2018》等。

基于以上分析，本书结合国际经验和我国实际发展情况，选取评价创新驱动发展的指标有R&D投入强度、技术投入强度、人均专利占有量、市场成交额占比、高技术产业利润。其中R&D投入强度、技术投入强度揭示创新投入，反映了国家创新体系中各主体的人力、财力投入情况；人均专利占有量、市场成交额占比揭示创新产出，反映了创新的科技成果转化率、服务社会能力等情况；高技术产业利润揭示创新成效，反映了创新对国民经济发展的促进效果。计算创新驱动指标所需数据可通过《中国科技统计年鉴》获得。具体计算方式如下：

$$R\&D\text{投入强度} = R\&D\text{经费支出} / GDP \tag{4-2}$$

$$\text{技术投入强度} = \text{科学技术支出} / \text{财政支出} \tag{4-3}$$

$$\text{人均专利占有量} = \text{国内专利授权数} / \text{总人口} \tag{4-4}$$

$$\text{市场成交额占比} = \text{技术市场成交额} / GDP \tag{4-5}$$

$$\text{高技术产业利润} = \text{高技术产业利润总额} / GDP \tag{4-6}$$

---

① SCHWAB K. The global competitiveness report 2017—2018 [R]. Geneva：World Economic Forum，2018.

② 刘焕，胡春萍，张攀. 省级政府实施创新驱动发展战略监测评估 [J]. 科技进步与对策，2015（8）：128-132.

③ 吴卫红，李娜娜，张爱美，等. 我国省域创新驱动发展效率评价及提升路径实证研究 [J]. 科技管理研究，2017（5）：63-69.

④ 李黎明，谢子春，梁毅劼. 创新驱动发展评价指标体系研究 [J]. 科技管理研究，2019（5）：59-69.

3. 市场机制完善

改革开放40年的经济建设经验表明，推进市场机制完善已成为中国经济释放市场活力的重要途径。党的十九大报告将"加快完善社会主义市场经济体制"作为建设现代化经济体系的一项重要任务。本书将市场机制完善定义为三个方面：一是转变政府职能。党的十九届四中全会强调，要厘清政府和市场的关系，建立人民满意的服务型政府。转变政府职能、建设服务型政府，是我国经济发展方式转变的客观要求。从根本上实现经济发展方式转变，不仅要靠思想教育、舆论引导，更要靠深化改革和制度创新来推动。而加快政府自身改革，进一步转变政府职能，则是加快经济发展方式转变的强大动力和制度保障。二是大力促进非公有制经济健康发展。党的十九大指出，必须毫不动摇地鼓励、支持、引导非公有制经济发展，强调把发展经济的着力点放在实体经济上来。加快发展非公有制经济，对于当前正在进行的建设现代化经济体系、转变经济发展方式，具有不可替代的作用。伴随经济建设型政府向公共服务型政府转变，我国非公有制经济还会有更大的发展空间，这将相应地推动经济发展方式的转变。三是推进生产要素市场改革。40年的"改革红利"为我国经济发展方式转变储备了规模基础，但由于生产要素的市场化改革滞后，要素市场发育程度较低，使生产要素的真实价值被低估，价格机制难以发挥正常作用。因此，本研究将市场机制完善作为反映经济发展方式转变的分维度之一。

基于以上分析，本书选取了三个衡量市场机制完善情况的基础指标，分别是财政支出比重、非国有经济投资比重、劳动要素市场化程度。其中财政支出比重揭示政府职能转变，反映了政府在资源配置方面的控制能力，而控制能力越强，市场在资源配置中的作用越弱。政府在资源配置中的控制能力用财政支出与GDP之比衡量，与市场在资源配置中的能力负相关（樊纲等，2013）[①]；非国有经济投资比重揭示非公经济发展情况，采用非国有经济固定投资与全社会固定投资之比衡量，反映非国有经济的壮大和对社会的影响情况；劳动要素市场化程度揭示要素市场发育情况，采用个体就业人数与全部从业人员数量之比衡量，反映我国劳动力市场供给主体经历了主要由城镇就业人口构成向城乡一体化演变的过程。三个基础指标所需数据均通过统计年鉴直接获得。特别需

---

① 樊纲，王小鲁，张立文，等. 中国各地区市场化相对进程报告 [J]. 经济研究，2013（3）：9-18.

要指出的是劳动要素市场化程度用到的个体就业人数用各省份三次产业从业人员数量代替。具体计算方式如下:

$$财政支出比重 = 财政支出/GDP \qquad (4\text{-}7)$$
$$非国有经济投资比重 = 非国有经济固定投资/全社会固定投资 \quad (4\text{-}8)$$
$$劳动要素市场化程度 = 个体就业人数/全部从业人员数量 \quad (4\text{-}9)$$

4. 经济结构优化

新时代中国经济发展方式转变,应注重不断优化经济结构,要助力实现产业、投资、城乡、开放、区域、消费等结构体系优化升级、有序发展。因此,本书定义的经济结构优化的内涵主要有:一是推进产业结构优化升级。产业结构升级不仅是实现新旧产业的更新换代、实现经济持续繁荣的关键,而且能带动技术进步,提升产品效能和服务质量,改善人民生活,进而助力经济发展方式转变。二是优化投资结构,加大基础设施投资,优化招商引资结构,壮大实体经济,完善现代产业体系,使资本投入更多流向高附加值的产业部门,进而夯实下一轮经济增长基础。三是优化城乡结构。注重缩小城乡差距,全面小康特别要重视城乡二元结构优化,实现城乡二元经济结构向现代经济结构的转换,是实施乡村振兴战略的重要基础。四是不断完善开放结构。不断扩大经济结构成分中的外贸比重和外资比重,加快外贸发展动力转变,促进高质量的对外开放带动中国经济发展方式转变,进而带动经济高质量发展。五是优化区域结构。党的十九大提出的实施区域协调发展战略的目标就是要实现基本公共服务均等化,人民生活水平大体相当。新时代优化区域结构就要紧紧抓住贫困人口脱贫这个短板,提高贫困地区基本公共服务能力,促使全国各地人民生活水平在不断提高中趋于一致。六是优化消费结构,推进消费结构供给侧结构性改革,降低居民恩格尔系数,不断满足高层次消费需求,促进居民消费升级提质。因此,本研究将经济结构优化作为反映经济发展方式转变的分维度之一。

基于以上分析,本书选取评价经济结构优化的指标有产业结构、投资结构、城乡结构、开放结构、区域结构、消费结构。其中产业结构反映在经济发展方式转变过程中服务业的重要性与日俱增、服务业的比重日益扩大等情况,借鉴刘骁毅（2013）[①]、王立国和赵婉好（2015）[②] 等学者的方法，采用第三产业增加值占 GDP 的比重来衡量。投资结构反映了投资总量中各个组成部分之间的内在联系及其数量比例关系，特别是第三产业的投资比重情况，采用第三产业投资比重来衡量。城乡结构反映了城乡人民收入水平的平稳提升和城乡收入的差距不断缩小的情况，借鉴魏敏、李书昊（2018）[③] 等学者的方法，采用城乡居民人均可支配收入比来衡量。开放结构反映了我国在经济发展方式转变进程中对外开放的规模、深度以及优化程度，采用进出口总额占 GDP 的比重来衡量。区域结构反映了我国在经济发展方式转变进程中促进区域经济发展、缩小地区间差距的情况，借鉴李书昊（2019）[④] 等学者的方法，采用各省人均 GDP/全国人均 GDP 来衡量。消费结构反映了我国在经济发展方式转变进程中人民的生活水平提升情况，采用恩格尔系数来衡量，该指标可以在中国统计年鉴上直接获得。其中恩格尔系数计算公式为：生活消费支出÷总支出×100%。需要指出的是该系数又分为城镇居民恩格尔系数和农村居民恩格尔系数，为了统计方便，本研究取这两者的平均值。具体公式如下：

$$产业结构 = 第三产业增加值/GDP \qquad (4-10)$$

$$投资结构 = 第三产业投资/GDP \qquad (4-11)$$

$$城乡结构 = 城乡居民人均可支配收入比 \qquad (4-12)$$

$$开放结构 = 进出口总额/GDP \qquad (4-13)$$

$$区域结构 = 各省人均 GDP/全国人均 GDP \qquad (4-14)$$

$$消费结构 = 恩格尔系数 = 居民食品消费支出比重 \qquad (4-15)$$

5. 绿色发展

首次明确提出绿色发展概念的是联合国开发计划署公布的《2002 年中国人类发展报告》[⑤]。绿色发展要求正确处理好人和自然的关系，这必定带来新一轮中国绿色经济的长足发展。本书将绿色发展定义为在经济发展方式转变进程中更强调生态环境代价的降低、环境承载力的提升。因此，本书将绿色发展

① 刘骁毅. 中国金融结构与产业结构关系研究 [J]. 财经理论与实践, 2013 (3)：24-28.
② 王立国, 赵婉好. 我国金融发展与产业结构升级研究 [J]. 财经问题研究, 2015 (1)：22-29.
③ 魏敏, 李书昊. 新常态下中国经济增长质量的评价体系构建与测度 [J]. 经济学家, 2018 (4)：19-26.
④ 李书昊. 新时代中国经济发展方式转变的测度研究 [J]. 经济学家, 2019 (1)：53-61.
⑤ United Nations. China human development report 2002 [R]. New York：United Nations, 2003.

内涵设定为两个方面：一是加快绿色环保力度。新时代中国经济发展方式转变要求采取更加环保、低碳、清洁的生产方式，将环境保护作为实现可持续发展的重要支柱。绿色发展推动资源使用方式根本转变，提升经济发展方式转变的效率和效益，追求绿色发展繁荣，从而推进"山清、水秀、天蓝"的美丽中国建设。二是提高环境承载力。环境所能承载的容量是有限的，粗放式的发展模式已经使我国能源和资源不堪重负。绿色发展降低了经济发展对环境的压力，为建设美丽中国提供了不竭动力，为打好污染防治攻坚战奠定了基础。因此，本研究将绿色发展作为反映经济发展方式转变的分维度之一。

关于绿色发展评价的研究，学者们设计出多种指标测度体系。国外对绿色发展指标体系的研究比较丰富，例如联合国 2030 年可持续发展目标的 17 项指标的主要指标内容与绿色发展大致相近。另外，绿色城市指数（green city index，GCI）、生态效率（ecological efficiency）、环境可持续性（environmental sustainability）等指标的构建也逐渐完善。[①] 我国学者李晓西和潘建成（2010）[②] 最早从经济增长绿化度、资源环境承载潜力和政府政策支持度三个方面构建了中国省际绿色发展指标体系。2016 年 12 月，国家四部委制定的《绿色发展指标体系》涵盖了 6 个方面的指标体系，主要从资源利用、环境治理、环境质量、生态保护、增长质量和绿色生活等方面选取 54 个评价指标。[③] 刘明广（2017）[④] 则从绿色生产、绿色生活、绿色新政、绿色环境四个方面构建绿色发展指标体系。马志帅、许建（2019）[⑤] 从经济绿色增长、资源绿色利用、环境绿色治理和绿色生活4 个方面选取 28 个指标构建绿色发展水平指标体系。这些指标都体现了资源、环境、经济等方面对绿色发展的重要程度，也体现了五大发展理念的思路。

基于以上分析，结合已有文献的研究成果，本书选取评价绿色发展的指标有森林覆盖率、环保投资、绿化覆盖率、废水排放、废气排放、固体废物排放

① CUTTER S, BORUFF B J, SHIRLEY W L. Social vulnerability to environmental hazards [J]. Hazards, vulnerability, and environmental justice, 2006：115-132.

② 李晓西，潘建成. 2010 中国绿色发展指数年度报告——省际比较 [M]. 大连：东北财经大学出版社，2010.

③ 国家统计局. 2016 年生态文明建设年度评价结果公报 [R]. 2017.

④ 刘明广. 中国省域绿色发展水平测量与空间演化 [J]. 华南师范大学学报（社会科学版），2017 (3)：37-44.

⑤ 马志帅，许建. 安徽省绿色发展水平评价体系初步研究 [J]. 安徽农业大学学报，2019 (2)：300-306.

六个。其中森林覆盖率、环保投资、绿化覆盖率揭示环保绿化，反映了我国在绿色发展中的低碳、清洁和循环概况。废水排放、废气排放、固体废物揭示环境承载力，反映了自然资源与环境所能承载的潜力等情况。计算绿色发展指标所需数据均可通过统计年鉴直接获得，具体计算方式如下：

$$环保投资 = 环境污染治理投资/GDP \qquad (4-16)$$

$$绿化覆盖率 = 建成区绿化覆盖面积/建设区总面积 \qquad (4-17)$$

$$废水排放 = 废水排放总量/GDP \qquad (4-18)$$

$$废气排放 = 二氧化硫排放量/GDP \qquad (4-19)$$

$$固体废物排放 = 一般工业固体废物产生量/GDP \qquad (4-20)$$

6. 资源高效利用

资源是指社会经济活动中人力、物力和财力的总和，是社会经济发展的基本物质条件。注重节约和资源高效利用是我国经济发展方式转变的必然要求。本书将资源高效利用定义为在经济发展方式转变进程中实现资源高效配置，不断提高资本、劳动、能源等生产要素的经济效益，充分实现集约式发展。因此，本书将资源高效利用内涵设定为如下几个方面：一是促进劳动生产效率的提升。劳动生产率用于反映全体劳动者创造的社会平均价值，是衡量劳动力质量的重要标志；劳动生产率越高，代表单位劳动力所创造的产出越高。由于我国经济发展面临着资源总量不足、实体经济发展力不足等问题，就必须重视发挥人力资本在经济发展方式转变中的作用，通过教育大力提升国民人力资本，从而提升劳动生产率。二是促进资本效率的提升。在一定时期内单位资本存量的产出越多，资本生产率越高。研究表明，技术创新、提高管理水平、深化体制改革等都可提高资本生产率，从而持续推动经济发展向质量效率型转变。三是提高能源效率。要充分认识到转变能源利用方式对于转变经济发展方式的重要性和紧迫性。及时调整能源消费种类和结构，改善大量化石能源的粗放使用状态，提高能源效率将是必然选择。研究发现技术进步、能源价格改革、R&D支出、所有制改革等都可以促进能源效率提高。新时代必须改变过去的粗放型经济发展过程带来的高污染、高耗能、低产出局面。通过转变经济发展方式，促进低碳经济及循环经济转型升级，提高能源使用效率。四是提高全要素生产效率（TFP）。全要素生产率在考虑劳动力、资本、自然资源等全部要素投入上所得到的生产率，能更为客观地得到全部要素投入量的产出效率。一般而言，其主要来源于技术进步、制度创新、科学管理等。因此，本研究将资源高效利用作为反映经济发展方式转变的分维度之一。

基于以上分析，结合已有文献的研究成果，本文选取评价资源高效利用的指标有劳动生产率、资本生产率、能源生产率、全要素生产率。其中劳动生产率揭示劳动效率，反映了人力资源生产要素的利用效率情况，体现单位时间内生产的产品数量越多，劳动生产率就越高；资本生产率揭示资本效率，反映了资本这类生产要素的利用效率情况，体现资本存量创造的产出（GDP）越多，投资效率越高；能源生产率揭示能源效率，反映能源这类生产要素的利用效率情况，体现能源所带来的经济效益多少的问题。衡量这三类指标可借鉴学者魏敏、李书昊（2018）[①] 的方法。全要素生产率用于反映技术进步、制度革新等因素带来的资源利用效率提升，本书借鉴学者李宾、曾志雄（2009）[②] 的计算方法，以及学者何兴邦（2018）[③] 的计算结果。

7. 人民生活美好

人民群众对美好生活的需要就是期盼有更美好的物质和精神文化生活。因此，本书定义"人民生活美好"为经济发展方式转变的成果给全体人民带来的收入、消费、教育、健康、休闲和交通等公共物品占有量的增加，在经济发展方式转变中不断提高人民生活水平，从而使人民的获得感、幸福感、安全感更加可持续。一方面，要加快经济发展方式转变、促进经济高质量发展、顺应人民对美好生活向往就必须体现人民生活水平的提高。例如，让人民群众有更舒适的居住条件、更稳定的工作、更满意的收入，医疗保健水平、教育程度提升，等等。另一方面，美好的人民生活有助于激发人民的生产积极性，提升生产效率，为经济发展方式转变提供不竭动力。例如，收入增加、消费水平提升、休闲时间增加，不仅会激发公众的生产积极性，提高生产效率，更能提升公众幸福感；医疗水平的提升不仅会提高公众健康程度，更为经济发展提供良好的人力资本；受教育程度的提高不仅可以丰富公众的文化知识，更能提高劳动者的生产技巧、创新水平和解决复杂问题的能力，促进人力资源向人力资本的转化。因此，本研究将人民生活美好作为反映经济发展方式转变的分维度之一。

① 魏敏，李书昊. 新时代中国经济高质量发展水平的测度研究 [J]. 数量经济技术经济研究，2018（11）：3-20.

② 李宾，曾志雄. 中国全要素生产率变动的再测算：1978—2007 年 [J]. 数量经济技术经济研究，2009（3）：3-15.

③ 何兴邦. 环境规制与中国经济增长质量——基于省际面板数据的实证分析 [J]. 当代经济研究，2018，40（2）：1-10.

关于人民生活的测度和衡量，学者们已设计出多种度量指标。联合国开发计划署（The United National Development Programme，UNDP）在 1990 年提出人类发展指数（human development index，HDI）来衡量人类发展状况。具体指标包括平均预期寿命、成人识字率、平均受教育年限。[①] Daly 和 Cobb（1990）[②] 建立了关于经济增长、收入分配、环境污染和恶化、家务劳动和休闲损失价值的可持续经济福利指数（index of sustainable economic welfare，ISEW）。魏敏和李书昊（2018）[③] 将收入水平、教育、文化、医疗、交通和就业机会等纳入新常态下评价人民生活这个二级指标中。马成文、洪宇（2019）[④] 将人均收入、文化娱乐消费、人均受教育年限、公民安全感、环境等纳入衡量美好生活评价指标中。

基于以上分析，结合已有文献的研究成果，本书用于反映人民生活的基础指标包括人均可支配收入、人均消费支出、旅游恩格尔系数、人均城市绿化面积、每千人口卫生技术人员数、6 岁以上人均受教育年限。这些基础指标分别从收入水平、消费升级、休闲、生态、健康、教育等方面全面反映地区人民生活水平的改善情况。其中，收入福利、消费福利可用于揭示人口与经济维度，反映人民在经济发展方式转变进程中的收入和消费的增加情况；休闲福利、生态福利可揭示人口与环境维度，刻画经济发展方式转变过程中人民所享受到的休闲和生态福利情况；健康福利、教育福利可揭示人口与社会维度，刻画经济发展方式转变过程中人民的健康水平和受教育年限程度的提升情况。其中，旅游恩格尔系数计算结果参见孙根年和杨亚丽（2014）[⑤] 的相关研究。具体计算方式如下：

$$收入福利 = 居民人均可支配收入 \qquad (4-21)$$

$$消费福利 = 居民人均消费支出 \qquad (4-22)$$

$$休闲福利 = 旅游恩格尔系数 = （交通通信支出 + 文化教育娱乐支出 + 医疗保健支出）/消费支出总额 \times 100\% \qquad (4-23)$$

① MCGILIVARY M, WHITE H. Measuring development—The United National Development Programme human development index [J]. Journal of international development, 1993 (5)：183-193.

② DALY H E, COBB J B. For the common good：Redirecting the economy toward community, the environment and a sustainable future [M]. Boston：Beacon Press, 1989.

③ 魏敏, 李书昊. 新常态下中国经济增长质量的评价体系构建与测度 [J]. 经济学家, 2018 (4)：19-26.

④ 马成文, 洪宇. 我国区域居民美好生活水平评价研究 [J]. 江淮论坛, 2019 (3)：148-152.

⑤ 孙根年, 杨亚丽. 2.0 版中国旅游恩格尔系数构建及时空变化研究 [J]. 人文地理, 2014, 29 (3)：121-127.

$$\text{交通福利} = \text{人均城市道路面积} \qquad (4\text{-}24)$$

$$\text{健康福利} = \text{人口死亡率} \qquad (4\text{-}25)$$

$$\text{教育福利} = 6 \text{ 岁以上人均受教育年限} \qquad (4\text{-}26)$$

基于此,本研究把测度指标体系分为系统层、领域层、指标层三级。系统层包括经济增长稳定、创新驱动发展、市场机制完善、资源高效利用、经济结构优化、绿色发展、人民生活美好七个维度。领域层是连接系统层和指标层的桥梁,能解释说明系统层,细化经济发展方式转变内容,它由 24 个部分组成。根据数据的可得性,选取 33 个三级指标构成了中国经济发展方式转变测度指标体系。各指标具体名称和衡量方式如表 4-1 所示。

表 4-1　经济发展方式转变测度体系一览表

目标	系统层	领域层	指标层	指标衡量方式	权重系数
经济发展方式转变水平	经济增长稳定	产出稳定	经济波动率	经济波动率* (%)	0.051 5
		价格稳定	消费者物价指数	居民消费价格指数*	0.053 3
		就业稳定	失业率	城镇登记失业率* (%)	0.064 6
	创新驱动发展	创新投入	R&D 投入强度	R&D 经费支出/GDP (%)	0.055 7
			技术投入强度	科学技术支出/财政支出 (%)	0.054 1
		创新产出	人均专利占有量	国内专利授权数/总人口	0.043 8
			市场成交额占比	技术市场成交额/GDP (%)	0.025 7
		创新成效	高技术产业利润	高技术产业利润总额/GDP (%)	0.028 8
	市场机制完善	政府职能转变	财政支出比重	财政支出/GDP (%)	0.027 7
		非公经济发展	非国有经济投资比重	非国有经济固定投资/全社会固定投资 (%)	0.029 1
		要素市场发育	劳动要素市场化程度	个体就业人数/全部从业人员数量 (%)	0.028 4
	资源高效利用	劳动效率	劳动生产率	GDP/全社会从业人员 (元/人)	0.024 9
		资本效率	资本生产率	GDP/全社会固定资产投资	0.012 7
		能源效率	能源生产率	GDP/万吨标准煤	0.021 4
		要素效率	全要素生产率	全要素生产率 (%)	0.010 3

表4-1(续)

目标	系统层	领域层	指标层	指标衡量方式	权重系数
经济发展方式转变水平	经济结构优化	产业结构	产业结构	第三产业增加值/GDP（%）	0.018 9
		投资结构	投资结构	第三产业投资比重（米²/人）	0.018 4
		城乡结构	城乡结构	城乡居民人均可支配收入比*	0.014 6
		开放结构	开放结构	进出口总额/GDP（%）	0.011 7
		区域结构	区域结构	各省人均GDP/全国人均GDP	0.031 8
		消费结构	消费结构	居民家庭恩格尔系数*	0.025 9
	绿色发展	绿化环保	森林覆盖率	森林覆盖率（%）	0.025 7
			环保投资	环境污染治理投资/GDP（%）	0.024 9
			绿化覆盖率	建成区绿化覆盖面积/建设区总面积（%）	0.028 8
		环境承载	废水排放	废水排放总量/GDP*（吨/万元）	0.042 0
			废气排放	二氧化硫排放量/GDP*（吨/万元）	0.042 2
			固体废物排放	一般工业固体废物产生量/GDP*（米³/万元）	0.023 9
	人民生活美好	人口与经济	收入福利	居民人均可支配收入（元/人）	0.034 5
			消费福利	居民人均消费支出（元/人）	0.029 2
		人口与环境	休闲福利	旅游恩格尔系数	0.026 9
			生态福利	人均城市绿化面积（米²/人）	0.016 3
		人口与社会	健康福利	每千人口卫生技术人员数	0.032 2
			教育福利	6岁以上人均受教育年限(年)	0.030 4

注："指标衡量方式"一列中标注"＊"的指标为逆向指标，其余指标为正向指标。权重系数是根据下文"纵横向"拉开档次法计算得出。

4.1.3 数据处理

将各具体指标进行加权求和分析，以量化中国经济发展方式转变水平的综合得分。得分越高表示经济发展方式转变进程越优良，反之亦然。在数据的选择上，本书选用2007—2018年全国及31个省、自治区、直辖市（未含香港地区、澳门地区、台湾地区数据）的面板数据。本研究以 2007 年、2012 年、

2018 年的数据为研究基点，数据来自 2008—2019 年的《中国统计年鉴》《中国能源统计年鉴》《中国固定资产投资统计年鉴》《中国科技统计年鉴》《中国工业统计年鉴》《中国高技术产业统计年鉴》《中国旅游年鉴》及各省份2008—2019 年统计年鉴等，个别数据根据线性插值法拟合补全。

由于考虑到本研究构建的经济发展方式转变水平的测度体系中各评价指标量纲和数量级不完全一致，不能对所得数据直接进行量上的比较，因此需要对原始数据进行预处理以消除量纲差异和数量级差异带来的影响，具体计算公式如下。

对于正向指标，即越大越好的指标：

$$u_{ij}(t_k) = \frac{x_{ij}(t_k) - \min\{x_{ij}(t_k)\}}{\max\{x_{ij}(t_k)\} - \min\{x_{ij}(t_k)\}} \quad, i=1,2,\cdots,n; j=1,2,\cdots,m \quad (4-27)$$

对于负向指标，即越小越好的指标：

$$u_{ij}(t_k) = \frac{\max\{x_{ij}(t_k)\} - x_{ij}(t_k)}{\max\{x_{ij}(t_k)\} - \min\{x_{ij}(t_k)\}} \quad, i=1,2,\cdots,n; j=1,2,\cdots,m \quad (4-28)$$

公式（4-27）和（4-28）中，$x_{ij}(t_k)$ 表示某省域第 i 年第 j 个经济发展方式转变水平的测度指标值，标准化矩阵 $u_{ij}(t_k)$ 的样本均值为 0，样本方差为1，即 $u_{ij}(t_k) \in (0,1)$。本研究中，假如研究某地区 2007—2018 年经济发展方式转变水平状况，根据研究的需要，依照指标体系选取 2007—2018 共 12 年的数据，涉及 33 个指标，那么 $n=12$，$m=33$。

4.2 中国经济发展方式转变水平的评价

4.2.1 评价方法

目前学术界关于经济发展方式转变的评价方法大多采用层次分析法（魏

书杰，2011）①、熵值法（杨晶晶②，2010；田涛③，2014；邹一南 等④，2017）、因子分析法（陈海波 等⑤，2015；任永泰 等⑥，2018）和主成分分析法（薛贺香⑦，2012；马芒 等⑧，2016）等，而这些方法大多是基于截面数据的静态评价所确定权重得出的结果，静态评价所得到的结果往往不能从时空视角全方位分析评价对象的动态趋势和变化特征。因为我国经济发展方式转变是一个长期动态变化的过程，它会随着时间和空间变化而变化，因此我国经济发展方式转变水平的评价问题需要引入一类很有现实意义和应用价值的动态评价方法，即"纵横向"拉开档次评价法。目前用该方法进行动态评价的文献较多，例如李旭辉、朱启贵等（2018）⑨运用基于二次加权的"纵横向"拉开档次动态评价方法和评价模型，对2013—2015年长江经济带16个中心城市的经济社会发展水平进行了动态评价。郑万腾、李雨蒙（2019）⑩采用"纵横向"拉开档次法对图书情报类20种核心期刊2005—2016年学术影响力进行测算和动态演化的深度刻画。因此，本书借鉴"纵横向"拉开档次法，对2007—2018年我国经济发展方式转变水平进行动态评价，一方面可从"纵向"视角探索我国经济发展方式转变水平随时间变化的特征，另一方面可从"横向"视角揭示出某个时刻我国各省域经济发展方式转变水平的优势和不足。该方法具体步骤为：

---

① 魏书杰. 我国转变经济发展方式的评价与策略研究 [D]. 哈尔滨：哈尔滨工程大学，2011.

② 杨晶晶. 河北省经济发展方式转变的评价体系研究 [D]. 保定：河北大学，2010.

③ 田涛. 我国经济发展方式转变测评体系构建及其分析 [J]. 山东工商学院学报，2014，27（6）：6-11.

④ 邹一南，赵俊蒙. 中国经济发展方式转变指标体系的构建与测度 [J]. 统计与决策，2017（23）：36-39.

⑤ 陈海波，江婷. 我国区域经济发展方式转变的差异性研究 [J]. 科技管理研究，2015（11）：81-85.

⑥ 任永泰，王婧，孙阿梦. 区域农业经济发展水平与转变方式研究与评价 [J]. 江苏农业科学，2018，46（14）：334-339.

⑦ 薛贺香. 河南省经济发展方式转变影响因素实证分析 [J]. 商业时代，2012（3）：133-134.

⑧ 马芒，吴石英，江胜名. 安徽人力资本与经济发展方式动态关系：多维度再检验 [J]. 华东经济管理，2016（6）：19-24.

⑨ 李旭辉，朱启贵，胡加媛. 基于"五位一体"总布局的长江经济带城市经济社会发展动态评价研究 [J]. 统计与信息论坛，2018，33（7）：74-83.

⑩ 郑万腾，李雨蒙. 基于"纵横向"拉开档次法和Kernel密度估计的图书情报类核心期刊的学术影响力研究 [J]. 情报杂志，2019，38（5），109-115，168.

第一步，构建面板数据表。假设现有 n 个被评价对象 S_1，S_2，$\cdots$，S_n 和 m 个原始评价指标 x_1，x_2，$\cdots$，x_m，要对被评价对象的某时刻 t_k（$k=1$，2，$\cdots$，N）（本研究的 t_1 为 2007 年，以此类推）的某方面发展情况进行综合评价，由此构建的一组按时间顺序排放的面板数据矩阵，称之为时序立体数据表。记为：

$\{x_{ij}(t_k)\}$（$i=1$，2，$\cdots$，n；$j=1$，2，$\cdots$，m；$t=1$，2，$\cdots$，N）。本研究所构成的一个时序立体数据如表 4-2 所示。

表 4-2　时序立体数据表

	t_1			$\cdots$	t_N			
	x_1	x_2	$\cdots$	x_m	$\cdots$	x_1	x_2	$\cdots$	x_m
S_1	$x_{11}(t_1)$	$x_{12}(t_1)$	$\cdots$	$x_{1m}(t_1)$		$x_{11}(t_N)$	$x_{12}(t_N)$	$\cdots$	$x_{1m}(t_N)$
S_2	$x_{21}(t_1)$	$x_{22}(t_1)$	$\cdots$	$x_{2m}(t_1)$		$x_{21}(t_N)$	$x_{22}(t_N)$	$\cdots$	$x_{2m}(t_N)$
$\cdots$	$\cdots$	$\cdots$	$\cdots$	$\cdots$		$\cdots$	$\cdots$	$\cdots$	$\cdots$
S_n	$x_{n1}(t_1)$	$x_{n2}(t_1)$	$\cdots$	$x_{nm}(t_1)$		$x_{n1}(t_N)$	$x_{n2}(t_N)$	$\cdots$	$x_{nm}(t_N)$

第二步，确定评价指标的权重 ω_j。权重系数能表现各被评价对象之间的整体性差异，而构建合适的评价模型是确定评价值的关键。所谓评价模型是指利用一定的数学模型将多个评价指标值"合成"为一个整体性的综合评价值。结合研究问题和评价指标的特征，本书"合成"的方法主要采用线性加权和法评价模型（linear weighted sum method）。众所周知，线性加权和法是求解多目标评价问题的常用方法之一，主要按各目标的重要性赋予它相应的权重系数。因此，设对于 t_k 时刻的综合评价模型为：

$$\mathrm{EDPT}_i(t_k) = \sum_{j=1}^{m} u_{ij}(t_k)\omega_j \quad i = 1,\ 2,\ \cdots,\ n;\ k = 1,\ 2,\ \cdots,\ N \quad (4\text{-}29)$$

（4-29）式中，ω_j 表示第 j 个指标的权重，$u_{ij}(t_k)$ 表示在 t_k 时间上第 i 个被评价对象的第 j 个指标的标准化值，$\mathrm{EDPT}_i(t_k)$ 表示 t_k 时间上第 i 个被评价对象的综合评价值，而权重系数 ω_j 就是基于公式（4-29）处理的。另外根据"纵横向"拉开档次法的基本思想，使评价值数据矩阵 $\{\mathrm{EDPT}_i(t_k)\}$ 差异最大，该差异可以用总离差平方和 TSS 表示，记着：

$$\mathrm{TSS} = \sum_{k=1}^{N} \sum_{i=1}^{n} \left[\mathrm{EDPT}_i(t_k) - \overline{\mathrm{EDPT}} \right]^2 \quad (4\text{-}30)$$

因标准化矩阵 $u_i(t_k)$ 满足正态分布，样本均值和方差分别为 0 和 1。因此：

$$\overline{\text{EDPT}} = \frac{1}{N} \sum_{k=1}^{N} \left[\frac{1}{n} \sum_{i=1}^{n} \sum_{j=1}^{m} \omega_j u_{ij}(t_k) \right] = 0 \tag{4-31}$$

于是 TSS 可化简为：

$$\text{TSS} = \sum_{k=1}^{N} \sum_{i=1}^{n} \left[\text{EDPT}_i(t_k) - \overline{\text{EDPT}} \right]^2 = \sum_{k=1}^{N} \sum_{i=1}^{n} \left[\text{EDPT}_i(t_k) \right]^2 = \sum_{k=1}^{N} (W^T H W)$$

$$= W^T \sum_{k=1}^{N} H_k W = W^T H W \tag{4-32}$$

其中，$W = (\omega_1, \omega_2, \cdots, \omega_m)^T$，权重系数向量依赖的矩阵 $H = \sum_{k=1}^{N} H_k$ 为 $m \times m$ 对称矩阵，而 $H_k = U_k^T U_k (k = 1, 2, \cdots, N)$，并且满足：

$$U_k = \begin{bmatrix} u_{11}(t_k) & \cdots & u_{1m}(t_k) \\ \cdots & \cdots & \cdots \\ u_{n1}(t_k) & \cdots & u_{nm}(t_k) \end{bmatrix} \quad k = 1, 2, \cdots, N \tag{4-33}$$

所以，权重系数 W 的求解问题就转化为一个规划问题，即 W 取何值时，可使 TSS 取得最大值。规划问题表达式为：

$$\max W^T H W$$

$$\text{s. t.} \begin{cases} W^T W = 1 \\ W > 0 \end{cases} \tag{4-34}$$

因此，可以证明当 W 取矩阵 H 最大特征值 $\lambda_{\max}(H)$ 对应的特征向量时，TSS 可以取最大值，且有 $\max W^T H W = \lambda_{\max}(H)$，则有正的权重系数向量。纵横向拉开档次法所确定的权重系数 W 就是 $\lambda_{\max}(H)$ 矩阵所对应的归一化的特征向量。用该方法进行各指标权重的确定，不掺杂主观色彩，比较合理。

第三步，利用公式（4-29）计算各待评价对象的综合得分值 $\text{EDPT}_i(t_k)$。通过上述步骤可以得到评价指标权重 ω_j，带入公式（4-29）中，即不仅得到"横向"视角的各待评价对象在时刻 t_k 的评价值，而且得到"纵向"视角的在各个时刻 t_k 的评价值，而各待评对象在某个时间段内 $[t_1, t_N]$ 总体评价值却无法得到，从而使得各待评价对象在研究期内的整体变化情况不能得到准确研判。因此，本书在"纵横向"拉开档次法的基础上，需要进一步计算 $[t_1, t_N]$ 研究时间段内的各时间权重系数，即需要对时间进行二次加权，从而计算出每个待评价对象在 $[t_1, t_N]$ 时期内的总体评价值。

第四步，确定在研究时间区间内 t_k 时刻的时间权重系数 ω_k。本研究借鉴相关学者的研究，采用"薄古厚今"的方法确定。[①] 该方法的主要思想为：对于待评价对象在不同时刻的评价结果而言，越靠近现在时刻的评价结果，对总体评价结果的影响越大，从而使得该评价结果在所有评价结果中所占权重越大；反之，所占权重越小。则在研究时间区间内 t_k 时刻的时间权重系数 ω_k 满足：

$$\omega_k = k / \sum_{k=1}^{N} k \quad (k = 1, 2, \cdots, N), \quad \sum_{i=1}^{N} \omega_k = 1 \qquad (4-35)$$

第五步，确定总体综合评价值。被评价对象 i 在 $[t_1, t_N]$ 时间段内的总体综合评价值为：

$$\text{EDPT}_i = \sum_{i=1}^{N} \omega_k \text{EDPT}_i(t_k) \qquad (4-36)$$

其中，$\text{EDPT}_i(t_k)$ 为第 i 个被评价对象在 t_k 时刻的评价值，进而可根据被评价对象的总体综合评价值进行排序。

4.2.2 评价结果与分析

将原始数据带入公式（4-27）和（4-28）进行标准化处理后，基于前述"纵横向"拉开档次法的具体步骤，将处理后的数据代入公式（4-34）得到正对称矩阵 H，结合 MATLAB 2016 软件计算出该正对称矩阵所对应的最大特征值，其对应的 33 维特征向量经归一化处理后，得到中国经济发展方式转变水平评价指标的权重系数（如表4-1最后1列所示），再按照公式（4-29）求得2007—2018 年 31 个省、自治区、直辖市历年经济发展方式转变水平的得分（见表4-3）。根据上述"薄古厚今"的思想，然后利用公式（4-35）得出2007—2018 年 12 年的时间加权系数（见表4-3）。再将指标权重系数和时间权重系数代入公式（4-36），得到 31 个省份的经济发展方式转变水平的总体综合评价值及排名（见表4-3最后1列所示）。

---

① 陈国宏，李美娟. 基于总体离差平方和最大的区域自主创新能力动态评价研究 [J]. 研究与发展管理，2014，26（5）：43-53.

表 4-3　2007—2018 年中国 31 个省份经济发展方式转变水平综合评价值

省份	年份及时间权重												加权后的总体评价值（排名）
	2007	2008	2009	2010	2011	2012	2013	2014	2015	2016	2017	2018	
	1/78	2/78	3/78	4/78	5/78	6/78	7/78	8/78	9/78	10/78	11/78	12/78	
北京	0.452	0.461	0.469	0.483	0.503	0.538	0.557	0.593	0.657	0.691	0.764	0.831	0.614（1）
天津	0.269	0.281	0.329	0.359	0.376	0.411	0.442	0.472	0.519	0.544	0.576	0.607	0.461（6）
河北	0.229	0.254	0.273	0.302	0.336	0.367	0.395	0.421	0.449	0.480	0.506	0.529	0.426（9）
山西	0.163	0.181	0.212	0.249	0.266	0.281	0.304	0.336	0.361	0.390	0.406	0.419	0.314（23）
内蒙古	0.123	0.141	0.159	0.173	0.197	0.218	0.236	0.257	0.287	0.306	0.330	0.356	0.329（19）
辽宁	0.188	0.203	0.220	0.243	0.269	0.301	0.331	0.361	0.392	0.427	0.451	0.477	0.352（15）
吉林	0.195	0.209	0.227	0.238	0.258	0.277	0.300	0.329	0.351	0.382	0.401	0.435	0.351（16）
黑龙江	0.169	0.198	0.217	0.229	0.241	0.267	0.289	0.314	0.341	0.369	0.392	0.421	0.347（18）
上海	0.413	0.432	0.456	0.479	0.513	0.556	0.587	0.611	0.647	0.698	0.737	0.797	0.610（2）
江苏	0.263	0.289	0.319	0.337	0.366	0.402	0.429	0.452	0.486	0.526	0.568	0.621	0.520（4）
浙江	0.273	0.301	0.338	0.369	0.392	0.440	0.478	0.502	0.559	0.591	0.627	0.661	0.554（3）
安徽	0.216	0.239	0.259	0.283	0.316	0.358	0.382	0.411	0.445	0.492	0.533	0.572	0.427（8）
福建	0.229	0.247	0.270	0.293	0.331	0.364	0.396	0.429	0.461	0.503	0.541	0.581	0.449（7）
江西	0.203	0.229	0.247	0.273	0.301	0.327	0.364	0.402	0.441	0.479	0.510	0.548	0.382（11）
山东	0.206	0.232	0.251	0.274	0.291	0.326	0.366	0.404	0.449	0.482	0.515	0.550	0.398（10）
河南	0.169	0.181	0.202	0.223	0.241	0.273	0.295	0.323	0.356	0.385	0.403	0.442	0.328（21）
湖北	0.185	0.196	0.221	0.249	0.267	0.302	0.332	0.363	0.394	0.427	0.460	0.496	0.382（12）

表4-3(续)

省份	年份及时间权重												加权后的总体评价值(排名)
	2007	2008	2009	2010	2011	2012	2013	2014	2015	2016	2017	2018	
	1/78	2/78	3/78	4/78	5/78	6/78	7/78	8/78	9/78	10/78	11/78	12/78	
湖南	0.158	0.173	0.195	0.213	0.244	0.275	0.299	0.337	0.369	0.400	0.435	0.461	0.365 (13)
广东	0.351	0.376	0.392	0.403	0.426	0.456	0.481	0.516	0.547	0.579	0.617	0.626	0.501 (5)
广西	0.127	0.141	0.159	0.178	0.199	0.223	0.251	0.281	0.310	0.339	0.360	0.387	0.286 (26)
海南	0.149	0.161	0.183	0.202	0.227	0.249	0.278	0.302	0.331	0.363	0.395	0.433	0.347 (17)
重庆	0.189	0.201	0.225	0.249	0.271	0.293	0.316	0.333	0.362	0.395	0.425	0.453	0.329 (20)
四川	0.169	0.183	0.203	0.230	0.251	0.279	0.301	0.329	0.358	0.379	0.406	0.432	0.316 (22)
贵州	0.117	0.129	0.142	0.163	0.187	0.229	0.253	0.282	0.312	0.345	0.389	0.416	0.302 (24)
云南	0.128	0.136	0.151	0.169	0.182	0.209	0.229	0.243	0.271	0.292	0.322	0.357	0.287 (25)
陕西	0.239	0.251	0.271	0.293	0.306	0.327	0.349	0.372	0.396	0.420	0.451	0.478	0.362 (14)
甘肃	0.115	0.131	0.152	0.176	0.190	0.204	0.226	0.253	0.277	0.296	0.312	0.329	0.238 (27)
青海	0.112	0.131	0.150	0.172	0.193	0.203	0.230	0.259	0.282	0.300	0.316	0.330	0.236 (28)
宁夏	0.106	0.116	0.139	0.158	0.171	0.182	0.203	0.228	0.251	0.286	0.308	0.315	0.228 (29)
新疆	0.112	0.124	0.136	0.152	0.169	0.183	0.196	0.219	0.229	0.240	0.259	0.287	0.217 (30)
西藏	0.093	0.099	0.101	0.106	0.108	0.112	0.116	0.120	0.136	0.146	0.162	0.189	0.128 (31)

为了从宏观的视角揭示中国东部、中部和西部地区经济发展方式转变综合水平的区域差异,计算出中国经济发展方式转变总体评价值的均值(M)和标准差(SD)——前者为0.379,后者为0.137。基于EDPT均值(M)和标准差(SD)的关系,所考察的31个省域可划分为3种类型:领先型(Leading)(EDPT≥M+0.5SD)、良好型(Fine)(M≤EDPT<M+0.5SD)、缓慢型(Slow)(M-0.5SD≤EDPT<M)。分类结果如表4-4所示。

表 4-4　中国经济发展方式转变的类型划分及区域分布

类型	地区		
	东部	中部	西部
领先型	北京、上海、江苏、浙江、广东	—	—
良好型	天津、福建、山东、河北、辽宁	安徽、黑龙江、湖北、湖南、河南、吉林、江西	陕西、四川、重庆、贵州、内蒙古
缓慢型	海南	山西	青海、新疆、宁夏、广西、甘肃、云南、西藏

由表 4-3、表 4-4 可知：

（1）东部地区。2007—2018 年，东部地区的北京、上海、江苏、浙江、广东 5 个省域的经济发展方式转变水平排名全国前 5，隶属经济发展方式转变综合水平的领先型类型，天津、福建、山东、河北、辽宁 5 个省份，其排名位居全国前 15，隶属于经济发展方式转变综合水平的良好型类型。另外虽然海南也位于东部地区，但是其经济发展方式转变水平却远远落后于东部其他地区，处于缓慢性类型，且这种状况一直未得到改善。由此可以看出，东部地区的经济发展方式转变整体表现较好，能实现面向新时代的经济发展方式转型调整和适应新时代的发展要求，能起到引领示范作用，对其他省域具有重要的借鉴意义。

（2）中部地区。2007—2018 年，隶属于经济发展方式转变综合水平的缓慢型类型包括山西 1 个省份，表明山西实现资源型地区经济转型发展、形成产业多元支撑的结构格局任重道远。隶属于经济发展方式转变综合水平的良好型类型包括安徽、黑龙江、湖北、湖南、河南、吉林、江西 7 个省份，占中部地区省份总数的 87.5%，表明中部地区经济发展方式转变整体表现较为良好，实现面向新时代发展要求的经济发展方式转型能力有待提高。

（3）西部地区。2007—2018 年，隶属于经济发展方式转变综合水平的良好型类型包括陕西、四川、重庆、贵州、内蒙古 5 个省域，占西部地区省份总数的 41.7%，从表 4-3 的综合评价值来看，贵州省在近 5 年内的发展呈快速上升趋势，所以贵州省总体进入良好类型。隶属于经济发展方式转变综合水平的缓慢型类型包括青海、新疆、宁夏、广西、甘肃、云南、西藏 7 个省域，占西部地区省份总数的58.3%。这表明西部地区经济发展方式转变进程总体缓慢，未能较好地向内涵式发展方式转变，多数省份粗放式发展模式向集约型发展模式转变能力还有待加强。

由以上分析可知，2007—2018年，中国东、中、西部的经济发展方式转变水平不均衡，呈现东部地区向西部地区逐步降低的趋势，即东部地区经济发展方式转变进程明显较快，其次是中部地区，西部地区较为落后。因此，政府应制定经济发展方式协同转型策略，以经济发展方式转变领先型省份为引领，促使缓慢型省份经济发展方式转变的加快推进，逐步缩小东西区域间差异，全面促进我国东、中、西部区域协同发展。

4.3　本章小结

本章从新时代中国经济发展方式转变的内涵视角，构建了适用于新时代发展要求的经济发展方式转变测度评价体系，运用"纵横向"拉开档次动态评价方法和评价模型，对2007—2018年31个省份的经济发展方式转变水平进行了动态评价。基本研究结论如下：

（1）本研究以新发展理念为主要内容的习近平新时代中国特色社会主义经济思想为依据，从经济增长稳定、创新驱动发展、市场机制完善、经济结构优化、绿色发展、资源高效利用、人民生活美好七个方面构建了适用于新时代更加全面的中国经济发展方式转变测度体系。测度体系由33个指标组成。

（2）按照经济发展方式转变综合水平得分高低，北京、上海、江苏、浙江、广东5个省份排名全国前5。我国31个省份的经济发展方式转变综合水平被分为领先型、良好型、缓慢型3类，其中分别包含5个、17个和9个省份，依次占所考察省份总数的18%、52%和30%；我国东、中、西部的经济发展方式转变水平不均衡，呈现东部地区向西部地区逐步降低的趋势，即东部地区以领先型为主，中部地区以良好型为主，西部地区以缓慢性为主。

5 中国经济发展方式转变的时空格局及动态演变研究

上一章通过构建经济发展方式转变的综合评价指标体系，动态评价了各省域经济发展方式转变情况。本章将在此基础上以时间和空间为切入点，运用探索性空间数据分析法（exploratory spatial data analysis，ESDA）、标准差椭圆法（standard deviational ellipse，SDE）等方法，探讨 2007—2018 年我国经济发展方式转变的时空特征和演变规律，以期为我国区域协调发展及决策提供参考。

5.1 研究方法

5.1.1 标准差椭圆法

标准差椭圆法描述点分布的方向偏离，说明一种方向的趋势，是精确地揭示经济要素地理空间分布整体性特征的空间统计方法。[①] 由于很多地理现象的空间分布在各个方向上的离散程度是不同的，为更好地反映我国经济发展方式转变水平在空间分布上的方向性，本研究基于中国 31 个省域的空间区位（经纬度），以中国经济发展方式转变的空间分布平均中心为重心，采用标准差椭圆法，通过重心坐标、形状和方向等方面的变化来揭示研究区域地理要素的时空动态演变规律。近几年，在使用标准差椭圆法进行研究的学者有王绍博、郭

---

① WONG D W S. Several fundamentals in implementing spatial statistics in GIS: Using centrographic measures as examples [J]. Geographic information sciences, 1999 (2): 163-173.

建科 (2017)[①]，单良、张涛 (2018)[②]，罗腾飞、罗巧巧 (2019)[③] 等。SDE 法的基本要素有重心点、长半轴、短半轴和方位角四要素。[④] 具体计算参见 Lauren 等人 (2010)[⑤] 的研究。

首先，计算 SDE 重心：
$$\bar{X} = \frac{\sum_{i=1}^{n} \omega_i x_i}{\sum_{i=1}^{n} \omega_i}, \quad \bar{Y} = \frac{\sum_{i=1}^{n} \omega_i y_i}{\sum_{i=1}^{n} \omega_i} \tag{5-1}$$

其次，计算 SDE 长短轴标准差：

x 轴标准差：
$$SDE_x = \sqrt{\frac{\sum_{i=1}^{n} (x_i - \bar{X})^2}{n}} \tag{5-2}$$

y 轴标准差：
$$SDE_y = \sqrt{\frac{\sum_{i=1}^{n} (y_i - \bar{Y})^2}{n}} \tag{5-3}$$

最后，计算旋转角：$\tan\theta = (A+B) / C$ 　　(5-4)

其中，$A = \sum_{i=1}^{n} \bar{x}_i^2 - \sum_{i=1}^{n} \bar{y}_i^2$，$B = \sqrt{\dfrac{\left(\sum_{i=1}^{n} \bar{x}_i^2 - \sum_{i=1}^{n} \bar{y}_i^2\right)^2 + 4\left(\sum_{i=1}^{n} \bar{x}_i \bar{y}_i\right)}{n}}$，$C = 2\left(\sum_{i=1}^{n} \bar{x}_i \bar{y}_i\right)$

以上公式中，(x_i, y_i) 为研究地区 i 的坐标 $(i = 1, 2, \cdots, n)$ 的经纬度。ω_i 为研究地区 i 的权重；$(\bar{X}, \bar{Y})$ 为研究区域重心，反映经济要素在地理空间上整体分布的相对位置情况；θ 表示椭圆的方位角，表征其分布的转角变

① 王绍博，郭建科. 我国城市整体交通运输流发展的时空演化及其空间关联性分析 [J]. 干旱区资源与环境，2017 (2)：43-49.

② 单良，张涛. 中国产业结构与就业结构协调性时空演变研究 [J]. 中国人口科学，2018 (2)：39-49.

③ 罗腾飞，罗巧巧. 贵州省县域经济差异性及空间演化特征分析 [J]. 贵州大学学报（社会科学版），2019，37 (2)：41-50.

④ GONG J. Clarifying the Standard Deviational Ellipse [J]. Geographical analysis, 2002, 34 (2)：155-167.

⑤ LAUREN M S, MARK V J. Spatial statistics in ArcGIS [C] //FISCHER M M, GETIS A (eds.). Handbook of applied spatial analysis：Software tools, methods and applications. Berlin：Springer, 2010.

化情况；$\bar{x}_i$、$\bar{y}_i$ 分别表示研究地区区位与重心的坐标偏差；SDE_x、SDE_y 分别表示沿长、短轴的标准差，分别表征经济要素在主趋势方向上和次要方向上的离散程度。可以通过 ArcGIS 软件实现上述计算。

5.1.2 灰色动态预测法

本书引入灰色动态预测模型（Grey System）中的 GM(1,1) 分别对标准差椭圆五个参数（重心点的坐标经度、纬度、长半轴、短半轴和方位角）进行趋势预测，从而探讨未来中国在 2050 年实现社会主义现代化强国目标前经济发展方式转变的空间格局轨迹状况。GM(1,1) 是包含 1 阶 1 个变量的微分方程模型，具有求解易、计算量小、计算时间短、精度较高等优点[①]，深受学术界青睐。相关的计算步骤为[②]：

（1）设时间序列 x^0 有 5 个观察值，$x^{(0)} = \{x^{(0)}(1)，x^{(0)}(2)，x^{(0)}(3)，x^{(0)}(4)，x^{(0)}(5)\}$，其中 5 个观察值代表标准差椭圆的 5 个参数。通过公式 $x^{(1)} = \sum_{t=1}^{k} x^{(0)}$ 累加生成新序列 $x^{(1)} = \{x^{(1)}(1)，x^{(1)}(2)，x^{(1)}(3)，x^{(1)}(4)，x^{(1)}(5)\}$，则 GM(1,1) 模型相应的微分方程为：

$$\frac{dx^{(1)}}{dt} + ax^{(1)} = \mu \tag{5-5}$$

其中：a 称为发展灰数；μ 称为内生控制灰数。

（2）对（5-5）式中的 a 和 μ 通过最小二乘法拟合求解，得到微分方程所对应的时间响应函数：

$$x^{(1)}(k+1) = \left[x^{(0)}(1) - \frac{\mu}{a}\right]e^{-ak} + \frac{\mu}{a}，k=0，1，\cdots，5 \tag{5-6}$$

（5-6）式是数列预测的基础公式，最终预测值可以通过周期响应函数将预测值还原，其中 $x^0(k)$ 的计算公式如下：

$$x^{(0)}(k) = x^{(1)}(k) - x^{(1)}(k-1) \tag{5-7}$$

（3）模型检验。灰色预测检验一般有残差检验、关联度检验和后验差检

[①] 贺三维，王伟武，曾晨，等. 中国区域发展时空格局变化分析及其预测 [J]. 地理科学，2016，36（11）：1622-1628.

[②] 邓聚龙. 灰色系统基本方法 [M]. 2 版. 武汉：华中科技大学出版社，2012.

验等方法，具体的检验步骤详见方叶林等（2013）① 的检验。

5.1.3 变异系数法

变异系数（coefficient of variation，CV）是一个衡量区域某一要素相对差异的统计指标。② 其值越大，说明地区间差距越大；反之，则地区间差距越小。本书采用变异系数对中国经济发展方式转变的时序差异演变进行整体把握。近几年，在使用变异系数法进行研究的学者有何仁伟等（2018）③、车磊等（2018）④、蔺雪芹等（2019）⑤ 等。变异系数计算公式为：

$$\mathrm{SD}_t = \sqrt{\sum_{i=1}^{n}(\mathrm{EDPT}_{it} - \overline{\mathrm{EDPT}})^2/n}, \quad \mathrm{CV} = \mathrm{SD}/\overline{\mathrm{EDPT}_t} \tag{5-8}$$

式中，SD_t 为第 t 年的标准差；$\overline{X}_t$ 为 t 年份各省域经济发展方式转变指数的均值；n 为省域个数；EDPT_{it} 为第 t 第 i 省域经济发展方式转变指数；CV 为变异系数。

5.1.4 探索性空间数据分析

探索性空间数据分析（exploratory spatial data analysis，ESDA）是统计学和现代图形计算技术结合起来的分析方法，是研究某一区域属性时空格局演进的常用方法，主要用于揭示要素空间分布关系。一般说来，事物之间距离越近，区域经济活动就会表现出不同的空间相关性。ESDA 方法主要利用全局空间自相关（global spatial autocorrelation）和局部空间自相关（local spatial autocorrelation）对要素对象的关联度进行测度。⑥ 前者主要探测整个研究区的空间模式，

---

① 方叶林，黄震方，陈文娣，等. 2001—2010 年安徽省县域经济空间演化 [J]. 地理科学进展，2013，32（5）：831-839.

② 王文森. 变异系数——一个衡量离散程度简单而有用的统计指标 [J]. 中国统计，2007（6）：41.

③ 何仁伟，樊杰，李光勤. 环京津贫困带的时空演变与形成机理 [J]. 经济地理，2018，38（6）：1-9.

④ 车磊，白永平，周亮，等. 中国绿色发展效率的空间特征及溢出分析 [J]. 地理科学，2018，38（11）：1788-1798.

⑤ 蔺雪芹，郭一鸣，王岱. 中国工业资源环境效率空间演化特征及影响因素 [J]. 地理科学，2019，39（3）：377-386.

⑥ ANSELIN L. Exploratory spatial data analysis in a geocomputational environment [R]. New York，1998.

而后者探测每一个空间单元与邻近单元某一属性的关联程度。本书采用 ESDA 中全局和局部空间自相关指数对经济发展方式转变水平的省域单元间的空间相互作用和分布规律进行分析，并在此基础上构建空间计量回归模型，进一步探讨经济发展方式转变的时空演化机制。

（1）全局自相关。从全局视角揭示整个研究区域的空间模式，即分析经济发展方式转变水平在整个研究区域的空间依赖程度及观测值在地理空间上的聚集程度。常用 Global Moran's I 进行研究，其计算公式为：

$$I(G) = \frac{\sum_{i=1}^{n} \sum_{j=1}^{n} W_{ij}(X_i - \overline{X})(X_j - \overline{X})}{S^2 \sum_{i=1}^{n} \sum_{j=1}^{n} W_{ij}} \qquad (5-9)$$

其中，$S^2 = \frac{1}{n} \sum_{i=1}^{n} (X_i - \overline{X})^2$，$\overline{X} = \frac{1}{n} \sum_{i=1}^{n} X_i$，$W_{ij}$ 表示空间权重矩阵元素。本书采用区域单元的邻接性来构造空间连接矩阵，即若区域 i 与 j 相邻，则 $W_{ij} = 1$，否则，$W_{ij} = 0$。n 为观测省域个数，X_i、X_j 分别表示 i、j 省域的经济发展方式转变水平的观测值。Global Moran's I 一般在 $[-1, 1]$ 范围，其绝对值越大表明空间相关度越高。当 $I(G) > 0$ 时，研究区域在空间分布上呈正相关关系，即观测属性呈集聚空间格局；当 $I(G) < 0$ 时，研究区域在空间分布上呈负相关关系，即观测属性呈离散空间格局；当 $I(G) = 0$ 时，则表示各区域间随机分布，不存在空间自相关性。要对计算出的 Global Moran's I 值进行 Z 检验法的显著性统计检验，其表达式为：

$$Z(I) = \frac{I - E(I)}{\sqrt{VAR(I)}} \qquad (5-10)$$

式中，$E(I)$ 为全局 Moran's I 的期望值；VAR (I) 为 31 个省域经济发展方式转变水平全局 Moran's I 的方差。Z 检验原假设 H_0：区域之间不存在空间自相关性，特征是随机分布。置信度在 0.05 水平下，若 $|Z| \leq 1.96$，那么符合零假设，即不同省域之间不存在相关性，是随机分布的。若 $|Z| \geq 1.96$，则拒绝原假设，即不同省域之间存在显著的正（负）自相关性。

（2）局域自相关。用局部自相关分析相邻单元在空间上的相关程度，即表示经济发展方式转变水平相互集聚的倾向，可以采用 LISA（local indicators of spatial association）表示①，也可采用 Moran 散点图、Local Moran's I 分析局部空间的自相关性，其中 Local Moran's I 计算公式为：

$$I(L) = Z_i \sum_{i \neq j}^{n} W'_{ij} Z_j \tag{5-11}$$

其中，$Z_i = \dfrac{X_i - \overline{X}}{S^2}$ 是 X_i 的标准量值，Z_j 是与 i 省（区、市）相邻的标准化值，W'_{ij} 是按照行和归一化的权重矩阵。$I(L)$ 为局部空间自相关指数，n 为观测省域个数。将局部自相关显著情况分为四种类型：当 $I(L)>0$，表示"高-高相关"（High-High）或者"低-低相关"（Low-Low），即高经济发展方式转变水平的地区被高值地区所包围，或者低经济发展方式转变水平的地区被低值地区所包围；当 $I(L)<0$，表示"低-高相关"（Low-High）或者"高-低相关"（High-Low），即低经济发展方式转变水平的地区被高值地区所包围，或者高经济发展方式转变水平的地区被低值地区所包围。在散点图中，出现的 4 种类型的局部空间关系，如下所示（王学义 等，2013）②。

$$\begin{cases} Z_i > 0, \ \sum W'_{ij} Z_j > 0(+, \ +)，第一象限，高高集聚（HH） \\ Z_i < 0, \ \sum W'_{ij} Z_j > 0(-, \ +)，第二象限，低高集聚（LH） \\ Z_i < 0, \ \sum W'_{ij} Z_j < 0(-, \ -)，第三象限，低低集聚（LL） \\ Z_i > 0, \ \sum W'_{ij} Z_j < 0(+, \ -)，第四象限，高低集聚（HL） \end{cases}$$

5.2　中国经济发展方式转变的时序演变特征分析

5.2.1　总体动态时序变化特征

本书以 2007 年、2012 年、2018 年的数据为研究基点。运用纵横向拉开档次法综合测度结果（表4-3），绘制图5-1、图5-2。

---

① ANSELIN L. Exploratory spatial data analysis in a geocomputational environment ［R］. New York，1998.
② 王学义，曾永明. 中国川西地区人口分布与地形因子的空间分析［J］. 中国人口科学，2013（3）：85-93.

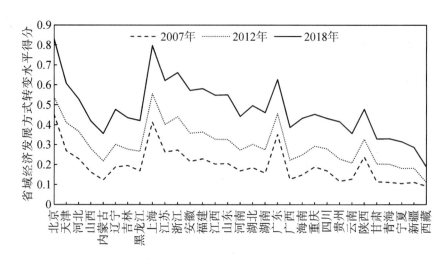

图 5-1 2007—2018 年我国省域经济发展方式转变水平测评结果

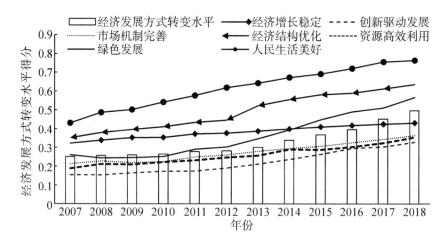

图 5-2 2007—2018 年中国经济发展方式转变水平的评价值变化趋势

可以看出，2007—2018 年中国经济发展方式转变的动态时序变化呈现以下几个特点：

（1）从各省域视角看（图 5-1）：①各省份经济发展方式转变水平都有明显的增长，不同省份发展存在差异。例如，北京的转变水平得分从 2007 年的 0.452 增加到 2012 年的 0.538，2018 年达到 0.831，而山东的转变水平得分分别为 0.206、0.326、0.550。②各省域经济发展方式转变不平衡。经济水平高、区位优势明显、人才集聚度高的东部地区经济发展方式转变水平得分较高；而地理条件相对恶劣、人才集聚度低、发展资金不足、经济水平相对较低的西部地区经济发展方式转变水平得分较低。可以发现，经济发展方式转变水平得分提升较快的是东部地区，如上海地区的经济发展方式转变水平得分 2007 年为 0.413，2012 年为 0.566，2018 年达到 0.797；而得分提升最慢的是西部地区，比如宁夏这 3 个研究基点年份的经济发展方式转变得分分别为 0.106、0.182、0.330。③各省域的经济发展方式转变增长轨迹相似，比如北京、上海、浙江的经济发展方式转变水平排名一直较前，而甘肃、青海、宁夏、西藏等地区一直排名靠后。它们之间的经济发展方式转变水平相差较大。由此可见，地理区位是影响经济发展方式转变水平提升的一个重要原因。

（2）从全国视角看（图 5-2）：2007—2018 年，中国经济发展方式转变进程整体上成绩斐然。十多年来，中国经济发展方式转变水平基本实现逐年上升，其转变水平综合得分从 2007 年的 0.236 增长到 2018 年的 0.506，增长了约 1.14 倍。这说明在研究期内，我国在转变经济发展方式方面所取得的成效明显。经济发展方式逐步摆脱原有的高耗能、高排放、高增长和唯 GDP 发展模式，更加注重经济发展的提质增效。这主要得益于党的十七大提出加快经济发展方式转变的重大战略任务后，我国陆续实施了诸如深化供给侧结构性改革、加快建设创新型国家、实施乡村振兴战略、实施区域协调发展战略、加快完善社会主义市场经济体制、大力推进生态文明建设、推动形成全面开放新格局等政策。这些政策的实施极大地促进了我国经济发展方式的转变。

（3）从时间特征看（图 5-2）：表现出阶段性特征。第一阶段，2007—2012 年我国经济发展方式转变水平稳步上升，但增长速度较为缓慢，综合得分由 2007 年 0.236 提升到 2012 年的 0.283。在此期间，虽然党的十七大首次提出"加快经济发展方式转变"的概念，但我国转变经济发展方式进展仍比较缓慢。究其原因，经济发展方式还没有发生质的变化，例如，创新能力还没有成为推动经济增长的主要因素、经济结构优化升级不够、资源约束紧张、环境污染问题较突出、城乡收入分配差距依然较大，等等。第二阶段为 2013—2018 年。在此期间，我国经济发展方式转变迅速，并取得了突破性进展，综合评价值由 2013 年的 0.297 提升到了 2018 年的 0.506，平均年增长率为 13.2%。这主要得益于：党的十八大后我国统筹推进"五位一体"总体布局和协调推进"四个全面"战略布局；加快政府机构改革和职能转变、坚定不移贯彻新发展理念；深入贯彻以人民为中心的发展思想，着力打赢脱贫攻坚这场硬仗，着力加强生态文明建设；加快建设现代化经济体系，推动我国经济社会发展朝着更高质量、更有效率、更加公平、更可持续的方向前进。

5.2.2　各维度时序变化特征

从经济发展方式转变的七个维度（见图 5-2）来看：

（1）经济增长稳定变化不大，反映我国经济稳中向好、长期向好的趋势没有变，始终将"稳增长"作为经济发展的首要目标，从而促进了经济发展方式的转变。近十年来，呈现出的"低增长、低波动"的现象是我国经济发展进入"新常态"以来的一个显著特征。从图 5-3 可以看出，我国经济经历了三十多年的高速、高波动阶段之后，GDP 增速进入了一个长周期的低速、低波动增长阶段。2018 年的经济增长率水平保持在 6%~6.5%，GDP 同比波动不断放缓。具体而言，自 2012 年宏观经济增长率开始出现明显下降趋势，并且进入持续探底阶段，至 2017 年之后 GDP 增长率维持在 6.5% 的水平，进一步表明我国经济正由高速增长阶段转向高质量发展阶段；CPI 增长率下降明显，2012 年后就在 1%~3% 的区间内窄幅波动，总体供需关系比较宽松，物价水平温和可控，既无通胀也无通缩；全国城镇登记失业率总体平稳，近五年呈持续下降趋势。由此可见，我国经济 2012 年以来呈现了前所未有的稳定增长态势。结合现实来看，出现以上结果的原因可能是：近年来，我国经济一直坚持稳中求进的工作总基调，新旧动能转换成为经济增长的"双引擎"，经济结构优化提高了经济质量和效益，宏观调控体系的完善和改进提高了政策逆调节能力，高质量发展政策的普遍落实等（赵建 等，2019）[①]。需要指出的是，2020 年新冠肺炎疫情发生后，对我国经济社会造成了重大冲击，因此保持经济社会平稳运行是 2020 年经济工作的第一要务。

（2）创新驱动发展一直处于较低水平，但总体向好。结合现实来看，我国创新驱动发展的总体向好可能与三个因素密切相关：一是 2012 年党的十八大提出我国要坚定实施创新驱动发展战略，国务院先后颁布了《中共中央 国务院关于深化体制机制改革加快实施创新驱动发展战略的若干意见》《国家创新驱动发展战略纲要》等一系列法规。二是研究与试验发展（R&D）经费支

---

① 赵建，程睿智. 中国经济波动被"熨平"了吗？——现象、机理与影响 [J]. 济南大学学报（社会科学版），2019，29（2）：102-114.

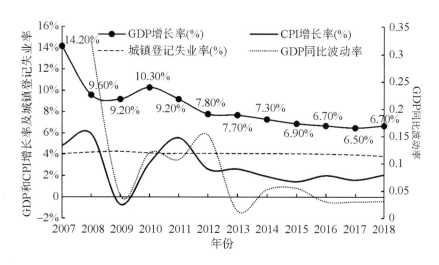

图 5-3 主要宏观经济指标及 GDP 波动率走势

（资料来源：来自 Wind 数据库）

出等创新投入持续快速增长。国家统计局发布的《2018 年国民经济和社会发展统计公报》显示 2018 年我国研究与试验发展（R&D）经费支出为 19 657 亿元，比上年增长 11.6%，但比 2017 年略有下降（见图 5-4）。三是近年来创新产出进一步提高。《中国创新指数研究》报告显示，近几年我国创新环境进一步优化，专利授权数、发明专利授权数占专利授权数的比重等创新产出不断提高。虽然我国创新能力向高质量发展要求稳步迈进，但我国创新驱动发展能力与发达经济体相比仍存在较大差距。其原因可能是：科技进步对经济发展的贡献率与发达国家一般都在 70% 以上的贡献率相差较大，实体经济没有抓住质量创新，教育体制和文化传统抑制创新，从而难以形成科学的创新思维；知识产权保护不力，创新激励动力不足；科学管理体制与市场经济不相容，科技创新过程造成了资源错配；企业自主创新能力不足，自主创新体系仍需完善；等等。这些都可能导致我国创新驱动发展一直处于较低水平。因此，不断培育经济增长新动能亦是刻不容缓，要把加快建设创新型国家作为现代化经济体系建设的战略支撑，必须紧紧依靠创新，努力补齐创新动能短板，作为加快经济发展方式转变的重要推动引擎。

（3）市场机制完善程度在稳定中略有上升，表明将市场机制完善作为经济发展方式转变的助力不明显。结合现实来看，推动市场机制完善程度稳定中上升的因素可能有：一是诸如《中共中央、国务院关于深化国有企业改革的

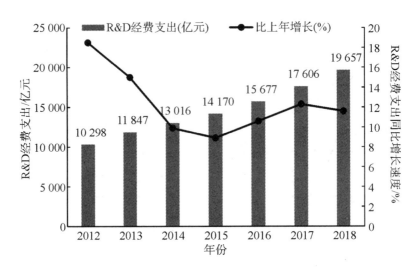

图 5-4　2012—2018 年我国研究与试验发展（R&D）

经费支出及增长速度情况

（资料来源：历年中国统计年鉴整理）

指导意见》《加快完善市场主体退出制度改革方案》等一系列政策法规的颁布，在一定程度上促进了经济体制、经济运行机制和市场体系等方面同世界接轨。二是我国近几年在推进供给侧结构性改革、推动化解过剩产能、完善优胜劣汰的市场机制、激发市场主体竞争活力、深化"放、管、服"改革等方面颇有成效，促进了国民经济持续健康发展。三是不断推进政府职能转变，与新时代相匹配的服务型政府正在形成。政府治理能力和治理水平显著提升，有助于推动经济发展质量变革、效率变革、动力变革。在充分肯定市场机制不断完善的同时，也要清醒地看到当前我国社会主义市场经济体制还存在诸多问题。例如，政府与市场的关系还未理顺，国有资本有待做强做优，激发市场活力和社会创造力还不够，市场准入壁垒较高，投资项目审批改革举步维艰，等等。因此，必须进一步完善市场经济体制，健全市场准入负面清单制度，加快以处理好政府与市场的关系为重点的改革实践，加快推进以制造业转型升级为重点的实体经济发展，才能在经济发展方式转变过程中扎扎实实逐个解决以上问题。

（4）经济结构优化稳步推进，2012 年之后上升速度加快。经济结构优化呈现出这种变化，结合现实来看可能的原因有以下几个方面：一是加速推动产业结构优化升级。党的十八大后我国大力进行供给侧结构性改革，形成与生产力发展相适应的现代产业结构，加速推动了产业结构优化升级。二是投资结构日趋合理。党的十八大后转方式、调结构成为当前固定资产投资的着力点，第三产业投资占比持续上升，更加注重实体经济投资，尊重市场规律，有利于提高投资效益。三是城乡结构更加完善。2002 年我国政府开始提出"统筹城乡发展"的战略，制定了一系列促进农村发展的政策（秦中春，2016）①。例如，深化农村税费改革、发展农村社会事业、加强农村基础设施建设等，有力遏制了城乡收入差距扩大趋势，城乡一体化程度逐步提升。四是对外开放更深入一步。党的十八大以来，我国外贸实现从数量规模向质量效益转变，自 2013 年中国一直是货物贸易的世界冠军（见表 5-1），高水平"引进来"和大规模"走出去"成为开放型经济的显著特征。全球经济治理话语权进一步提升，提出了构建人类命运共同体重要思想。至 2018 年 9 月，我国已经建成的 18 个自由贸易试验区分布于全国各地，形成开放新"雁阵"（见表 5-2）。"一带一路"倡议，成果丰硕。这些成就的取得极大拓展了中国对外开放深度，逐渐推动形成全面开放新格局。五是区域结构更加协调。党的十八来以来我国在西部、东北、中部、东部"四大板块"区域布局的基础上，京津冀协调发展、长江经济带发展、长三角区域一体化发展、长江流域和黄河流域生态保护和高质量发展等区域战略不断取得新进展。六是消费结构升级加快。随着深化税制改革、精准扶贫、供给侧结构性改革等一系列政策深入实施，人们的收入逐渐增长，消费观念逐渐转变。2018 年全国居民恩格尔系数为 28.4%，由"3 字头"时代迈入"2 字头"时代（见图 5-5），人们告别了求温饱的阶段，走向更加富裕的生活。

表 5-1　中国与全球货物贸易总额

年份	全球/万亿美元	中国/万亿美元	占全球的比重/%	全球排名
2013	37.978	4.159	11.0	1
2014	38.107	4.302	11.3	1
2015	33.319	3.953	11.9	1

---

① 秦中春. 城乡一体化发展：面向未来的国家战略 [J]. 民论坛·学术前沿，2016（8）：6-17.

表5-1(续)

年份	全球/万亿美元	中国/万亿美元	占全球的比重/%	全球排名
2016	32.331	3.686	11.4	2
2017	35.772	4.107	11.5	1
2018	39.342	4.621	11.7	1

资料来源：WTO 数据库。

表 5-2　18 个自贸区建设与推动扩大开放定位情况

自贸区名称	实施范围	推动扩大开放定位情况
上海自贸试验区	涵盖外高桥保税区等 7 个片区，总面积 120.72 平方千米	具有国际水准的投资贸易便利、货币兑换自由、监管高效便捷、法制环境规范的自由贸易试验区
广东自贸试验区	涵盖广州南沙新区、深圳前海蛇口、珠海横琴新区 3 个片区，总面积 116.23 平方千米	促进内地与港澳经济深度融合、深入推进粤港澳服务贸易自由化、全国新一轮改革开放的先行区
天津自贸试验区	涵盖天津港、天津机场、滨海新区 3 个片区，总面积 119.94 平方千米	全国改革开放先行区和制度创新试验田、面向世界的高水平自由贸易园区
福建自贸试验区	涵盖平潭、厦门、福州 3 个片区，总面积 118.04 平方千米	面向 21 世纪海上丝绸之路沿线国家和地区开放合作新高地
辽宁自贸试验区	涵盖大连、沈阳、营口 3 个片区，总面积 119.89 平方千米	提升东北老工业基地发展整体竞争力和对外开放水平的新引擎
浙江自贸试验区	涵盖舟山离岛、舟山岛北部、舟山岛南部 3 个片区，总面积 119.95 平方千米	东部地区重要海上开放门户示范区、国际大宗商品贸易自由化先导区
河南自贸试验区	涵盖郑州、开封、洛阳 3 个片区，总面积 119.77 平方千米	现代综合交通枢纽、全面改革开放试验田和内陆开放型经济示范区
湖北自贸试验区	涵盖武汉、宜昌、襄阳 3 个片区，总面积 119.96 平方千米	全面改革开放试验田和内陆对外开放新高地
重庆自贸试验区	涵盖两江、西永、果园港 3 个片区，总面积 119.98 平方千米	"一带一路"和长江经济带互联互通重要枢纽、西部大开发战略重要支点

表5-2(续)

自贸区名称	实施范围	推动扩大开放定位情况
四川自贸试验区	涵盖成都天府新区、青白江铁路港、川南临港3个片区,总面积119.99平方千米	西部门户城市开发开放引领区、国际开放通道枢纽区、内陆开放型经济新高地
陕西自贸试验区	涵盖中心、西安国际港务区片、杨凌示范区3个片区,总面积119.95平方千米	全面改革开放试验田、内陆型改革开放新高地
海南自贸试验区	海南岛全岛	把海南打造成为我国面向太平洋和印度洋的重要对外开放门户
江苏自贸试验区	涵盖南京、苏州、连云港3个片区,总面积119.97平方千米	开放型经济发展先行区、实体经济创新发展和产业转型升级示范区
河北自贸试验区	涵盖雄安、正定、曹妃甸、大兴机场4个片区,总面积119.97平方千米	国际商贸物流重要枢纽、新型工业化基地、全球创新高地和开放发展先行区
黑龙江自贸试验区	涵盖哈尔滨、黑河、绥芬河3个片区,总面积119.85平方千米	俄罗斯及东北亚区域合作的中心枢纽
广西自贸试验区	涵盖南宁、钦州港、崇左3个片区,总面积119.99平方千米	着力建设西南中南西北出海口、面向东盟的国际陆海贸易新通道
山东自贸试验区	涵盖济南、青岛、烟台3个片区,总面积119.98平方千米	新旧发展动能接续转换、发展海洋经济,形成对外开放新高地
云南自贸试验区	涵盖昆明、红河、德宏3个片区,总面积119.86平方千米	连接南亚东南亚大通道的重要节点,形成我国面向南亚东南亚辐射中心、开放前沿区

(5)绿色发展呈现先下行(2007—2010年)而后又持续改善和大幅提升(2010—2018年)的趋势。这体现了研究样本前期粗放发展方式积弊,后期则大力践行"绿水青山就是金山银山"的发展理念,绿色发展正成为经济发展方式转变的核心动力之一。结合现实来看,由于我国过去40余年总体处于工业化中期,高耗能产业占比较大,粗放型经济发展模式对环境产生的压力已达极限,环境污染压力惯性难以一时消除,可能导致了2010年前呈现绿色发展水平下行的态势。而自党的十八大以来,我国绿色发展水平大幅度提升主要基于以下几个因素。一是关于人与自然关系理论的最新成果的习近平生态文明思

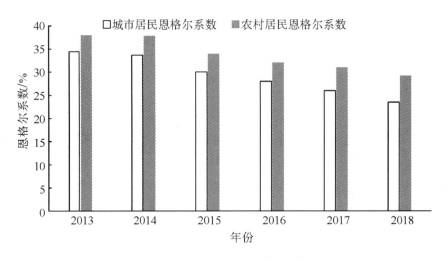

图 5-5　中国城乡居民恩格尔系数

(资料来源：国家统计局)

想逐渐深入人心，把"坚持人与自然和谐共生"纳入新时代中国特色社会主义必须坚持的基本方略。在习近平生态文明思想指引下，我国统筹推进"天蓝、地绿、水清"的美丽中国建设和"五位一体"的总体布局，努力解决生态环境问题，全力打赢蓝天保卫战、努力打好碧水攻坚战、坚决打响净土防御战、坚决打好污染防治攻坚战、积极打准村级工业园区整治阵地战，推动长江流域、黄河流域生态保护和高质量发展等方面取得了新进展。从图 5-6 可以看出，近年来我国环境污染治理的投资总额呈震荡上升的趋势，2018 年达到了9 912.38亿元，极大地推动了全国范围内的低碳经济、循环经济等实践。需要指出的是，虽然近年来我国环保投入保持上升趋势，但环境污染治理投资占GDP 的比重与 2016 年环保部颁发的《全国城市生态保护与建设规划（2015—2020 年）》中提出的环境保护投资占 GDP 的比重不低于 3.5%相比，仍然有较大差距。二是顶层设计的"四梁八柱"基本建立。近几年我国颁布了《中华人民共和国大气污染防治法》、《中华人民共和国节约能源法》、《大气污染防治行动计划》（简称"大气十条"）、《水污染防治行动计划》（简称"水十条"）、《土壤污染防治行动计划》（简称"土十条"），《国家应对气候变化规划（2014—2020 年）》等一系列法律法规，为绿色发展理念的实现进一步提供了法律保障。三是绿色节能技术持续提升。特别是清洁能源、节能减排、环保建筑、电动汽车、循环生产绿色节能技术推广，以及重点节能技术在各领域的普及，为绿色发展提供了技术保障。总而言之，在以习近平同志为核心的党中央坚强领导下，我国的生态治理体系实现了由粗放到严密的历史性转变，生态保护监管的制度化、规范化、法治化建设不断加强，"美丽中国"进程不断推进。

图 5-6　2010—2018 年中国环境污染治理投资及占 GDP 的比重情况

(资料来源：历年中国统计年鉴)

(6) 资源高效利用水平在波动中略有上升。结合现实来看，改革开放以来我国劳动生产率大幅度提高，能源利用效率变化不大，资本利用效率则呈现恶化趋势，三者效应叠加，使得资源高效利用水平略有上升。具体而言，我国劳动生产率的提高与两个可能的因素相关：一是城乡一体化、城乡转型发展和新型城镇化实现了农村劳动力大量转移，从而有利于劳动力资源的优化配置，解决好城乡发展不平衡、不协调问题；二是加快教育现代化和建设"教育强国"战略任务的提出，推动了高等教育扩张，从而有利于提高劳动者素质。统计年鉴显示：2018 年我国农村劳动力人口转移达到 2.8 亿，到 2020 年更要实现 1 亿非农户籍人口市民化目标；每十万人口高等学校平均在校生数从 2007 年的 1 924 人增加到 2018 年 2 589 人，2018 年 6 岁及以上人口的平均受教育年限已达到 10.93 年。对于资本效率，其一直持续下降的原因很可能是：过去 40 余年，我国依靠政府投资拉动经济增长在经济增长中扮演着重要角色，另外技术创新能力不强，大规模的投资仍然导致资本要素投入效率低下，降低资金管理风险难度较大。因此，要加强资本的重组整合，提高国有资本的配置效率，优化产业布局，同时积极培育战略性新兴产业。对于能源效率，中国能源利用效率并未明显提升。虽然"去产能、去库存、去杠杆、降成本、补短板"取得实质性进展，单位 GDP 能耗 2018 年下降到 0.52 吨标准煤/万元，同比能耗下降 3.1%（见图 5-7），加之能源领域科技创新、产业结构改善、能源体制机制改革深入推进等，在一定程度上有利于能源利用效率的提升，但过去四十年，我国以煤炭为主的能源结构并未发生根本性转变，诸如钢铁、水泥、石化等高能耗产业占经济比重仍较大，淘汰高耗能产业还存在一定难度，这些都可能导致能源利用效率低下。另外，2019 年 10 月，中共十九届四中全会提出要全面建立资源高效利用制度，可以预见未来我国的资源利用制度化、规范化、法治化建设将不断完善，在加速推动资源利用转型、实现资源高质量发展方面将迈向新台阶。

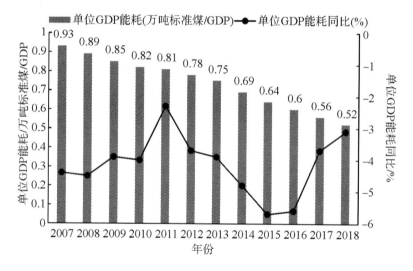

图 5-7 2007—2018 年中国单位 GDP 能耗及降低率情况

（资料来源：根据国家统计局相关数据整理）

（7）人民生活美好水平一直处于上升趋势，得分最高。人民生活美好水平得分从 2007 年的 0.428 上升到 2018 年的 0.764。结合指标层可将原因概括为：党的十七大以来，我国不断加快经济发展方式转变，大力贯彻以人民为中心的发展理念。随着深化税制改革、精准扶贫、扩大中等收入群体收入、供给侧结构性改革等一系列政策的深入实施，人民的收入、消费水平、教育、医疗、社会保障、闲暇等美好生活质量快速跃升，人口与经济、社会、资源、环境的关系不断趋于协调。根据统计年鉴和人口普查数据，从人口与经济来看，我国城镇居民人均可支配收入从 2007 年的 13 785 元增至 2018 年的 39 251 元，农村居民人均可支配收入从 2007 年的 4 140 元增至 2018 年的 14 617 元。同期城镇和农村家庭人均消费支出分别从 9 997 元、3 224 元提高到 26 112 元、12 124 元，年均名义增长率均超过 10%（见图 5-8）。从人口与社会来看，由于义务教育的普及与高等教育的扩张极大地提高了我国人民受教育的年限，中国 6 岁及以上人口的平均受教育年限从 2007 年的 8.18 年增加到 2018 年的 10.93 年。近年来我国公共医疗保险普及以及医疗技术能力和医疗质量水平持续提升，我国每千人中卫生技术人员数从 2007 年的 3.72 人上升到 2018 年的 6.86 人，人口平均预期寿命持续提高，2018 年达到 78.8 岁。从人口与环境来看，人民的环保意识增强，越来越重视休闲娱乐消费，旅游恩格尔系数所表征的休闲福利呈逐年增加趋势，城市人均绿化面积也呈增加态势，一定程度反映了公共人居环境改善带来的福利提升。但《2018 中国生态环境状况公报》显示，我国 338 个地级及以上城市中，空气质量超标的高达 217 个，约占 64.2%。由此可见，改善生态环境质量，也是推动人民生活水平提升的一项艰巨任务。

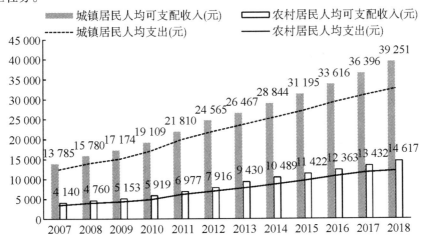

图 5-8 2007—2018 年中国城乡居民人均可支配收入与消费支出情况

（资料来源：历年中国统计年鉴）

总体而言，中国经济发展方式转变进程总体面向好：人民生活美好水平得分最高，其次是经济结构优化水平，两者的贡献突出；绿色发展步伐加快，其作为经济发展方式转变主导力量之一的地位正在增强；经济增长稳定、市场机制完善、资源高效利用三个维度得分上升趋势不明显，同时难度也较高，面临多重复杂因素的制约；创新驱动发展得分较低，成为制约提升经济发展方式转变的最大短板，表明加快创新驱动发展任重道远。值得强调的是，本研究中的人民生活美好指标主要以增强人民"获得感""幸福感""安全感"体现人口的福利发展水平来反映人民生活水平，并没有像传统人口发展理论那样纳入人口结构以及人口、资源、环境承载力等去考察。

5.2.3 时间序列差异变动特征

图 5-9 反映了变异系数和标准差揭示的 31 个省域经济发展方式转变差异的阶段性特征情况，表征了经济发展方式转变差异在时序上的演变过程。2007—2018 年，中国经济发展方式转变水平的相对差异屡有波动，总体上呈现出逐步收敛的演变特征。这一过程大致经历了两个阶段：第一阶段为2007—2013 年，变异系数波动上升，由 2007 年的 0.53 上升到 2013 年的 0.81，上升约 52.8%，表明这一阶段中国经济发展方式转变总体差异在区域上呈扩大趋势。第二阶段为 2014—2018 年，变异系数持续上升，由 2013 年的 0.81 下降到 2018 年的 0.49，下降约 39.5%，说明这一阶段中国经济发展方式转变相对差异在区域上呈缩小趋势。此外，研究期内变异系数值的极差为 0.51，表明经济发展方式转变省际差异现象存在，抑制省际差异任重道远。

12 年来，中国经济发展方式转变整体发展势头趋好，其经济发展方式转变水平的绝对差异大致呈先升后降的趋势（图 5-9）。2007—2012 年，经济发展方式转变水平的标准差持续波动上升，并在 2012 年达到峰值（15.63）。究其原因，2012 年前，各省区因受到社会经济发展水平、人才集聚度、区域经济政策、资源禀赋以及区位条件等主客观因素的约束，经济发展方式转变差距有扩大趋势。2013—2018 年，绝对差异基本保持着趋于缩小的状态，反映出党的十八大后以习近平新时代中国特色社会主义思想为指导，我国积极探索加快转变经济发展方式的新思路，取得了新的成就。其中，2017 年达到研究时段的最低值（10.26），表明经济发展方式从规模速度型粗放增长转向质量效率型集约增长取得了显著成效。

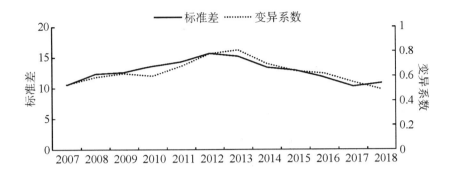

图 5-9　2007—2018 年中国经济发展方式转变水平的标准差和变异系数

5.3　中国经济发展方式转变的空间演变特征分析

5.3.1　总体空间分异特征

为进一步研究我国各地区经济发展方式转变的空间分异特征，本书根据评价结果（见表 4-3），利用系统聚类中的 Q 形聚类法（使相似特征的样本聚集在一起，差异大的分离开），对我国 31 个省域 2007—2018 年的经济发展方式转变综合得分进行聚类分析，并根据 K 平均值分类结果从大到小将其划分为四个梯队（第一等级、第二等级、第三等级、第四等级），采用空间四分位图揭示中国经济发展方式转变的空间分异格局变化趋势。选取时间断面分别为2007 年、2012 年、2018 年，再利用 ArcGIS 软件绘制出空间分布状况图。[①] 结果显示，中国各省域经济发展方式转变空间格局演变剧烈，地域差异性明显。总体呈现东高西低的空间差异，表现出从东部沿海地区逐渐向中西部地区递减的格局特征。

---

① 受印刷方式限制，空间分布状况图未予呈现。读者若有需要，可向作者索取。

第一，位于第一等级的省域呈点-线扩散，整体有明显提升。2007年位于第一等级的主要包括北京、上海、浙江3个省域。北京作为首都，上海是长三角地区经济中心，浙江作为对外开放的先导区域，这些省域经济发展起步相对较早，经济增长相对稳定，资源配置相对合理。由于在资本、资源、政策上优势较为突出，出现经济发展的"虹吸现象"，使得这些省域经济发展方式转变水平较高。2012年位于第一等级的主要包括北京、上海、浙江、广东4个省域。2018年位于第一等级的主要包括北京、上海、浙江、江苏、广东、福建、天津、山东8个省域。这表明，经济发展方式转变水平位于第一等级的省域大多分布在东部地区，数量在逐渐增加。究其原因，这些省域都在资本、资源、政策上具有明显优势。同时，这些地区经济水平高，人民生活水平与幸福指数相对较高，推动经济结构朝"服务化"方向迈进成效显著，加之技术创新突出、推进市场化进程良好等，使得这些省域经济发展方式转变水平较高。因此，随时间推移，经济发展方式转变较高水平的省域从2007年的3个"点"开始，到2018年的8个"点"连成一条"S"形的"线"，整体有东南沿海向中西部梯度推进布局、形成"点-线"的空间扩散特征。

第二，位于第二等级、第三等级的省域呈波动变化趋势。2007年，处于第二等级的主要包括辽宁、天津、山东、江苏、福建、广东6个东部省域，江西、安徽两个中部省域。2012年位于第二等级的包括辽宁、天津、山东、江苏、河北、山西、福建、江西、安徽、海南10个省域。2018年位于第二等级的包括辽宁、吉林、黑龙江、河北、山西、江西、安徽、海南、河南、湖南、湖北、重庆、四川13个省域。可以看出，位于第二等级的省域主要围绕位于第一等级的省域集中分布，从北向南连接成片、带状集中分布，囊括了中部地区和东北部省域，呈现出由分散分布向集聚分布格局转变的趋势。这表明经济发展方式转变水平较高的省域对周边地区具有辐射带动作用，高水平区在经济增长稳定、经济结构协调、创新驱动、绿色发展、市场化进程、资源利用、人民生活等方面产生空间溢出效应明显，从而促进邻近省域经济发展方式转变水平的提升。而位于第三等级的省域数量在逐渐减少，从三等级升格到二等级的省域数量逐渐增加。2007年，处于第三等级的主要包括吉林、黑龙江、河北、山西、河南、湖南、湖北、重庆、四川、陕西、广西、海南12个省域。2012年处于第三等级的主要包括内蒙古、吉林、黑龙江、河南、湖南、湖北、重庆、四川、陕西、广西10个省域。2018年处于第三等级的主要包括内蒙古、新疆、陕西、广西、云南、贵州6个西部省域。这些变化表明升级扩散特征明显，在2007位于第三等级的12个省域中，2018年有5个省域升级到第二等级。更反映出党的十八大以来，我国坚持以习近平新时代中国特色社会主义经济思想为指导，各省域在增长速度换挡、发展方式转变等方面取得的成就显著。

第三，位于第四等级的省域主要分布在西部地区。2007年主要包括内蒙古、新疆、青海、甘肃、宁夏、云南、贵州、西藏8个省域；2012年，内蒙古上升为第三等级；2018年，新疆、云南、贵州3省域提升到第三等级，位于第四等级的包括青海、甘肃、宁夏、西藏4个省域。总体而言，升级扩散特征明显，即在2007年位于第四等级的8个省域中，到2018年有3个省域升级到第三等级。其中，内蒙古、新疆、云南、贵州虽地处西部，但在党的十八大后，积极利用"一带一路"倡议发展机遇和政策红利，大力全面深化改革推动落实新发展理念，守住发展和生态两条底线，培植后发优势，奋力后发赶超，走出一条有别于东部不同于西部其他省份的发展新路，使得经济发展方式转变水平得到迅速提高。而青海、甘肃、宁夏、西藏一直处于较低水平，其原因可能是其科技创新力量薄弱、地理环境恶劣、资源匮乏、发展资金不足、人才集聚度低、经济结构转型升级慢、市场在资源配置中的决定性作用不明显等，粗放式开发问题突出，加之地区经济发展水平相对落后，经济发展方式转变水平的提升受到一定影响，从而导致经济发展方式转变水平增长呈现较慢态势。

综上所述，各省域经济发展方式转变水平差距显著，空间分异明显，基本呈现"东部—东北—中部—西部"四级阶梯发展格局①，即呈现以东部地区为增长核心、向内陆地区逐步递减的总体趋势。东部地区的以第一等级为主，表明这些地区经济发展方式转变较为优越；东北部、中部地区以第二、第三等级为主，表明这些地区经济发展方式转变表现良好；而西部地区则以第三、四等级为主，表明这些省份经济发展方式转变较为落后，在经济发展过程中融入新的发展理念有待加强。这种显著的阶梯性特征，在一定程度上是地区各类资源禀赋、区域经济发展水平、区域发展政策差异及其变动共同作用的结果。

---

① 中国东部地区是指：河北、北京、天津、山东、江苏、上海、浙江、福建、广东、海南、香港、澳门、台湾。中部：河南、湖北、湖南、安徽、江西、山西。西部：重庆、四川、贵州、云南、广西、陕西、甘肃、青海、宁夏、西藏、新疆、内蒙古。东北：黑龙江、吉林、辽宁。

5.3.2 空间集聚特征

1. 全局空间自相关分析

本书利用全局自相关分析法分析各省域经济发展方式转变的空间集聚特征。采用2007—2018年全局莫兰指数（Global Moran's I）样本数据分析中国经济发展方式转变水平的空间自相关特征，探讨在空间上是否存在显著的集聚性。基于公式（5-9），利用软件 ArcGIS 9.3 的空间分析模块测算出 Global Moran's I，基于公式（5-10）对其进行显著性检验，得出对应的 Z-Score 值和 P 值（见表5-2）。从图5-10和表5-3可看出，Global Moran's I 和 Z-Score 随时间的变化基本趋于吻合，2007—2018年中国经济发展方式转变水平全局空间自相关性呈现阶段变化特征，基本呈现"上升（2007—2009年）—下降（2009—2010年）—上升（2010—2018年）"的趋势。各年份 Global Moran's I 均为正值，且 Z 统计量都大于0.05置信水平的临界值1.96，并随着年份的增长，其空间正相关性也在加强。上述结果表明，我国各研究省域呈现出显著的全局空间正相关性，各省域经济发展方式转变水平的差异是逐渐趋于收敛的。这意味着2007年以来我国31个省域单元的空间自相关性不断增强，表现出较强的聚集分布空间格局特征，各地区经济发展方式转变水平受到邻近省域转变水平的影响显著。即具有较高经济发展方式转变水平的省域趋于相邻，较低经济发展方式转变水平的省域趋于相邻，在空间上各自集聚并彼此连成一片。因此，加快经济发展方式转变进程的政策制定需要在密切观察某一中心与其相邻省份经济发展方式转变的相对位置变化的基础上及时进行调整。

表5-3 我国经济发展方式转变的全局自相关检验结果（2007—2018年）

年份	2007	2008	2009	2010	2011	2012	2013	2014	2015	2016	2017	2018
Moran's I	0.402	0.451	0.486	0.458	0.501	0.508	0.506	0.525	0.542	0.589	0.672	0.693
Z-Score	2.537	2.559	2.673	2.584	2.596	3.746	3.639	3.684	3.767	3.743	3.806	3.391
P-Value	0.000	0.001	0.001	0.000	0.002	0.002	0.001	0.001	0.001	0.000	0.001	0.000

注：空间权重矩阵采用1阶 Queen 规则。

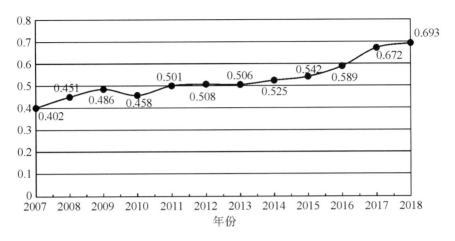

图 5-10   2007—2018 年中国经济发展方式转变的全域 Moran's I 变化趋势图

2. 局部空间自相关分析

为进一步揭示省域的空间异质性，需采用局域自相关的空间关联局域指标（local indicators of spatial association，LISA）并配合 Moran 散点图来反映经济发展方式转变的局部分布特征，研究其省域与其他相邻省域之间的空间关联程度与集聚模式。如表5-4所示，若某个中心省域与其他相邻省域之间的相对关系和集聚特征被明确，那么：位于第一象限为高-高集聚区（HH），代表经济发展方式转变水平的扩散效应区；位于第三象限为低-低集聚区（LL），代表经济发展方式转变水平的低速增长区。这两种集聚模式分别表示某研究省域与其周边省域相比，有较高或较低程度的集聚效应，表明存在较强的空间正相关，其空间同质性突出。若位于第二象限为低-高集聚区（LH），代表经济发展方式转变水平的过渡区；位于第四象限为高-低集聚区（HL），代表经济发展方式转变水平的极化效应区。这两种集聚模式分别表示某研究省域与其周边省域相比较低或较高，并且周边省域属性值较高或较低，表明存在较强的空间负相关关系，其空间异质性突出。

表 5-4   空间自相关要素表

集聚特征	高-高集聚区	低-低集聚区	低-高集聚区	高-低集聚区
符号	HH（High-High）	LL（Low-Low）	LH（Low-High）	HL（High-Low）
在散点图中的位置	一象限	三象限	二象限	四象限

表5-4(续)

集聚特征	高-高集聚区	低-低集聚区	低-高集聚区	高-低集聚区
相关性判断	空间正相关	空间正相关	空间负相关	空间负相关
空间单元属性关系	同质性	同质性	异质性	异质性
集聚方式	某研究地区与其周边地区的属性值相比较高而形成的集聚	某研究地区与其周边地区的属性值相比较低而形成的集聚	某研究地区属性值与周边地区的属性值相比较低,并且周边地区的属性值较高而形成的集聚	某研究地区属性值与周边地区的属性值相比较高,并且周边地区的属性值较低而形成的集聚

本书首先绘制2007年、2012年、2018年31个省域经济发展方式转变水平的Moran散点分布图。由图5-11可知,中国31个省份在第一和第三象限分布较多,即中国经济发展方式转变的空间相关模式以"高-高"和"低-低"集聚为主,说明中国经济发展方式转变水平存在非常明显的空间正相关性。由于Moran散点分布图包含了所有研究区域,并不能判断各省域集聚区是否能够通过显著性检验。因此需要依据公式(5-11)计算得到Local Moran's I,然后采用局部自相关LISA指数来探究经济发展方式转变的局部分布特征,运用ArcGIS软件进行可视化得到2007年、2012年及2018年在0.05置信水平下LISA聚类图[①]和表(表5-5),表征各省域之间经济发展方式转变水平的空间相关性或异质性。

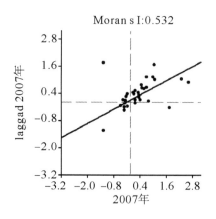

Moran s I:0.532

---

① 受印刷方式限制,LISA聚类图未予呈现。读者若有需要,可向作者索取。

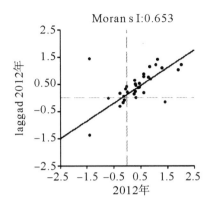

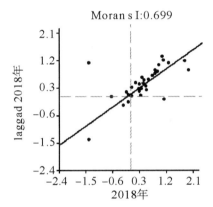

图 5-11　主要年份省域经济发展方式转变的 Moran 散点分布图

表 5-5　我国各地区的经济发展方式转变水平的 LISA 集聚结果表

聚类名称	高-高（HH）	高-低（HL）	低-高（LH）	低-低（LL）
2007 年	北京、上海、浙江、广东、江苏	天津、山东、安徽、湖北、福建、辽宁、四川、江西	吉林、黑龙江、河北、湖南、重庆、河南、陕西、海南	内蒙古、广西、甘肃、贵州、云南、宁夏、青海、山西、新疆、西藏
2012 年	北京、上海、浙江、广东、江苏、山东	天津、安徽、湖北、福建、辽宁、四川、陕西、河南	重庆、吉林、湖南、山西、黑龙江、河北、海南、江西	内蒙古、广西、甘肃、贵州、云南、宁夏、青海、新疆、西藏
2018 年	北京、上海、浙江、广东、江苏、山东、安徽	天津、湖北、福建、辽宁、四川、陕西、湖南、江西、河南	重庆、吉林、山西、黑龙江、河北、海南、贵州、广西、新疆	内蒙古、甘肃、云南、宁夏、青海、西藏

第一，高-高集聚区（HH）：该区代表经济发展方式转变的扩散效应区，即经济发展方式转变水平较高的省域被其他转变水平高的省域所包围。由图5-12可看出，2007年位于该区的省域占全国总量的16%（表5-6），主要有北京、上海、浙江、广东、江苏5个省域；2012年位于该区的省域占全国总量的19%，主要包括北京、上海、浙江、广东、江苏、山东6个省域；2018年位于该区的省域占全国总量的23%，主要包括北京、上海、浙江、广东、江苏、山东、安徽7个省域。整体来看，其数量由2007年的5个省份增加至2018年的7个省份，该类型区范围逐渐扩大，空间分布呈现趋于集中的态势。另外该类型区的所有省份均分布在东部沿海，形成一个相互毗邻的联动区域，并有向内陆扩散的趋势，溢出效应明显，呈现出显著的"沿海化"分布特征。究其原因，该类型区省份的经济发展方式转变的相对进程明显突出，彼此促进的联动区域，技术扩散、要素流动等溢出作用明显，成为地区发展的增长极。加之这些地区区位优势明显、人才集聚度高、经济实力雄厚，又是改革创新的先导区，从而带动相互之间经济发展方式转变水平的提升，在空间上形成"极化效应"，使得集聚程度较高。故而经济发展方式转变水平明显高于中西部地区，成为拉动邻近省域经济发展方式转变进程的重要增长极。今后，该类型区应继续及时地调整经济发展路径选择的发展势头，在"两个一百年"奋斗目标的历史交汇期，充分发挥人才资源、创新驱动、区域政策等优势，以便更好地对周边省域发挥重要的经济增长引擎作用，对其他地区经济发展方式转变提供重要的参考借鉴价值。

表5-6 2007—2018年中国经济发展方式转变水平的时空关联变化

年份	高-高（HH）		高-低（HL）		低-高（LH）		低-低（LL）	
	个数	占比（%）	个数	占比（%）	个数	占比（%）	个数	占比（%）
2007	5	16	8	26	8	26	10	32
2012	6	19	8	26	8	26	9	29
2018	7	23	9	29	9	29	6	19

第二，高-低集聚区（HL）：该区代表经济发展方式转变的极化效应区，即经济发展方式转变水平较高的省域被其他转变水平较低的省域所包围。2007年位于该区的省域占全国总量的26%，主要包括天津、山东、安徽、湖北、福

建、辽宁、四川、江西 8 个省域；2012 年位于该区的省域仍占全国总量的 26%，主要包括天津、安徽、湖北、福建、辽宁、四川、陕西、河南 8 个省域；2018 年位于该区的省域占全国总量的 29%，主要包括天津、湖北、福建、辽宁、四川、陕西、湖南、江西、河南 9 个省域。整体上看，2007—2018 年该类型区范围整体呈扩大趋势，在空间变化上较为分散，东部沿海、东北、中部地区均有分布。该类型区的经济发展方式转变水平较高，而该类型区的邻近省域与之相比，其优势不明显，故而呈现出一定的极化效应。需要指出的是中部的湖北省一直处于该类型区，可能的原因是该省拥有"九省通衢"的地理优势、人力资源丰富、产业结构调整优化加快，经济发展方式转变进程相对优于周边地区；西部的四川也一直处于该类型区，究其原因，除了四川省本身具有的"天府之国"的地理位置、自然资源等优势外，可能更多来自政策带来的机遇。一方面，四川省会成都在 2016 年成为国家中心城市，是西部地区重要的经济中心、科技中心、文创中心、对外交往中心，其发展目标定位为西部经济核心增长极；另一方面，1999 年的"西部大开发"战略、近年来的"一带一路"倡议、长江经济带建设等政策叠加，以及丝绸之路经济带、南丝绸之路和海上丝绸之路的重叠覆盖为四川发展带来了前所未有的机遇，因此其经济发展方式转变水平也优于周边省域。今后，该类型区应尽快带动和促进周边省域转变水平的提高，以便更好树立面向新时代的经济发展方式转变理念。

第三，低-高集聚区（LH）：该区代表经济发展方式转变的过渡区，即经济发展方式转变水平较低的省域被其他转变水平较高的省域所包围。2007 年位于该区的省域占全国总量的 26%，主要包括吉林、黑龙江、河北、湖南、重庆、河南、陕西、海南 8 个省域；2012 年位于该区的省域仍占全国总量的 26%，主要包括重庆、吉林、湖南、山西、黑龙江、河北、海南、江西 8 个省域；2018 年位于该区的省域仍占全国总量的 29%，主要包括重庆、吉林、山西、黑龙江、河北、海南、贵州、广西、新疆 9 个省份。总体来看，2007—2018 年低-高集聚区呈现稍扩大的趋势，说明高值区对低值区溢出效应的影响慢慢显示出来。在空间分布上，其分布范围相对稳定，也比较分散，但空间集聚状态逐渐显现。需要特别指出，河北省一直处于该类型区，主要原因可能是周边的北京和天津的经济发展方式转变水平较高，而且北京作为首都，天津作为环渤海地区的中心，造成经济发展的"虹吸现象"①，因此河北省的资本、人力等资源的流失比较严重，导致自身的经济发展方式转变缓慢。总体而言，该类区域经济发展方式转变水平较低，受周边省域辐射的影响较小，而且低值区的人才、资金、资源等会流向高值区，造成的两极分化问题严重。今后，应积极发挥高-高集聚区的"涓滴效应"，增大其正向辐射影响，带动和促进低值区经济发展方式转变能力的提升。

第四，低-低集聚区（LL）：该区代表经济发展方式转变的低速增长区，即经济发展方式转变水平较低的省域被其他转变水平较低的省域所包围。2007年位于该区的省域占全国总量的32%，主要包括内蒙古、广西、甘肃、贵州、云南、宁夏、青海、山西、新疆、西藏10个省域；2012年位于该区的省域占全国总量的29%，主要包括内蒙古、广西、甘肃、贵州、云南、宁夏、青海、新疆、西藏9个省域；2018年位于该区的省域减少到占全国总量的19%，主要包括内蒙古、甘肃、云南、宁夏、青海、西藏6个省域。总体来看，2007—2018年该类型区范围呈整体减少的趋势，空间分布基本在西北部地区，而且呈"T"字母形状的特征明显。这表明中国经济发展方式转变水平在稳步提高，东西部差异正逐渐缩小。虽然该类型区如新疆、西藏、青海、宁夏等省份位于祖国西部，长期以来受资源匮乏、发展资金不足、人才集聚度低、地理区位不占优势等因素的影响，经济发展方式转变水平普遍较低，但"西部大开发"战略的实施加快了西部地区发展，一定程度上加快了西部地区面向新时代的经济发展方式的转变。今后，国家应进一步加大对该类型区经济发展方式转变发展所需的资金、技术、人才等要素投入，逐步缩小与高值区域的差异，真正实现我国区域协调发展和可持续发展，打破低-低聚集僵局，实现弯道超车。

总体而言，研究期内50%的省域的时空关联性质没有发生变化，大部分经济发展方式转变的局部时空关联结构较为稳定。其中，北京、上海、浙江、广东、江苏一直位于高-高集聚区，内蒙古、甘肃、云南、宁夏、青海、西藏一直位于低-低集聚区。高-低集聚区则包括天津、湖北、福建、四川、辽宁等；低-高集聚区则包括河北、重庆、吉林、黑龙江等。东部沿海地区经济发展方

---

① 文魁，祝尔娟，叶堂林，等. 京津冀发展报告（2014）[M]. 北京：社会科学文献出版社，2014.

式转变水平不断提高，集聚类型主要是高-高集聚区，呈现出显著的"沿海化"分布特征，其整体集聚模式呈扩大趋势；高-低集聚区在空间变化上较为分散，东部沿海，东北、中部地区均有分布；低-高集聚区在空间分布上，分布范围相对稳定和分散，而西部地区大部分省域仍处于低-低集聚区，整体集聚模式呈减少趋势，其经济发展方式转变水平仍有待提升。

5.3.3 演变轨迹特征

本书根据 2007—2018 年中国各省域的经济发展方式转变水平测算结果（见表 4-3），运用 ArcGIS 软件进行标准差椭圆法研究，据此得出椭圆的重心、方向和形状等一系列参数变化情况，进一步探讨中国省级尺度经济发展方式转变的整体空间格局演变规律（表 5-7）。结果显示：在研究期内标准差椭圆覆盖的主体区域为大部分东部和中部地区以及部分西部地区，表现为"东（偏北）—南（偏西）"移动轨迹，分布范围波动中呈现出扩大趋势；分布形状呈扩大趋势；方位角在波动中有增大的趋势；重心从河南省漯河市转向南阳市。总之，中国经济发展方式转变空间格局演变较明显。

表 5-7   2007—2018 年中国经济发展方式转变标准差椭圆参数计算结果

年份	2007	2012	2018
转角 θ/°	53.75	56.31	54.07
沿 y 轴的标准差/km	1 173.13	1 162.57	1 152.72
沿 x 轴的标准差/km	1 033.42	1 040.01	1 051.83
重心坐标	113.77°E 33.47°N	113.54°E 33.38°N	113.38°E 33.31°N

1. 分布重心变化情况

由表 5-7 可知，2007—2018 年中国经济发展方式转变的空间分布椭圆重心由河南漯河市境内（113.77°E，33.47°N）向西南方向移至豫鄂陕三省交界地带的南阳市境内（113.38°E，33.31°N）。研究期内中国经济发展方式转变空间分布格局的重心移动路径经历了"东北（2007—2012 年）—西南（2012—2018 年）"的变化。我国经济发展方式转变的空间分布总体呈现向西南方向移动的趋势，移动速度、移动距离均呈减小态势。从重心移动距离看，2007—2012 年移动距离为 59.53km，其中向西移动 7.82km，向南移动

58.73km，表明中国西南部地区经济发展方式转变进入调整时期；2012—2018年，移动距离为38.52km，其中向西移动4.12km，向南移动32.05km，总体上移动速度放缓，以向南移动为主；从重心移动速度来看，2007—2012年重心东西向、南北向移动速度分别为6.03km/a、3.27 km/a；2012—2018年重心东西向与南北向移动速度分别为4.69 km/a、3.88 km/a，与2007—2012年相比，其重心东西向移动速度呈减缓趋势，南北向移动速度则小幅度提升。总体来看，重心移动速度呈现"加快—降低"的过程。究其原因，可能是党的十七大后国家提出加快经济发展方式转变，大量资本、技术、投资等生产要素等向中、西部地区转移，中国经济发展方式转变重心发生西移，但这一时期强调扩大经济规模，使得移动速度变化加大。党的十八大以来，我国坚定实施创新驱动发展战略，2017年区域协调发展战略上升为国家战略，各级政府牢固树立并切实贯彻"五大发展"理念，落实"以人民为中心"的发展思想，各级政府积极统筹推进"五位一体"总体布局和协调推进"四个全面"战略布局，区域经济及社会向可持续方向转型，使得中国经济发展转变进入平稳发展阶段。

2. 分布方向变化情况

2007—2018年经济发展方式转变标准差椭圆的转角有增大趋势，转角变化浮动较小，总体上空间分布椭圆长轴呈现一定的顺时针方向转动，此时中国经济发展方式转变空间分布格局整体呈现东北—西南格局。其中，2007—2012年的转角由53.75°上升到56.31°，表明在此期间经济发展方式转变水平的空间分布东北—西南格局有所加强。2018年的转角下降到54.07°，虽然旋转角逐渐下降，但下降幅度较小，表明经济发展方式转变空间分布格局基本保持稳定。

3. 分布形状变化情况

2007—2018年标准差椭圆的空间分布形状均近乎正圆，标准差椭圆的面积约占中国陆地的三分之一，椭圆 x 轴与 y 轴的比值均为0.88~0.9，但不难发现椭圆的长、短轴长度依然处在变化中。沿 y 轴的标准差呈减小趋势，从2007年的1 173.13km缩短至2018年的1 152.72km；同样，沿 x 轴的标准差呈增加趋势，由2007年的1 033.42km上升到2018年的1 051.83km；轴长的变化特征表明中国经济发展方式转变的空间分布较为分散，虽然主轴方向在"南—北"上，但东西方向的发展也愈加明显，有增加的总体格局特点。其原因可能是随着"一带一路"建设以及长江经济带、西部大开发、中部崛起等战略的效果显现，国家的经济重心开始移向中西部（樊杰 等，2010）[①]；党的十七大后，加快推进经济发展方式转变，推动经济发展进入了提质增效新阶段。

5.3.4 空间分布格局趋势预测

经济发展方式转变的时空格局预测能为政府有关管理部门制定加快适应新时代发展要求的经济发展方式转变政策提供理论依据。基于 Matlab 实现灰色动态模型中的 GM（1，1）分别对中国经济发展方式转变的标准差椭圆 5 个参数构建时间序列模型，并采用后验差检验法对预测结果进行检验。检验结果表明 5 个参数的平均相对误差率均在 5% 以内，方差比和小误差概率的精度等级均为 1 级和 2 级，说明 GM（1，1）模型预测的准确性较好，预测结果可信。因此，结合"新时代三步走战略"，利用 GM（1，1）法，预测出 2035 年基本实现社会主义现代化和 2050 年全面建成社会主义现代化强国的经济发展方式转变的标准差椭圆参数，再利用 ArcGIS 软件进行可视化效果分析。

预测结果表明，全国经济发展方式转变在 2018 年后整体呈现出向西南方向移动的趋势。在东西方向上，经济发展方式转变重心出现向西移动的趋势，其经度坐标由 2018 年的 113.38°E 下降到 2050 年的 111.96°E，2018—2050 年向西发生总位移 157.15 km。在南北向上，经济发展方式转变的重心呈现出向南移动的趋势，向南发生总位移 102.15km。中国经济发展方式转变空间格局呈现出一定的空间拉长趋势，2018—2050 年沿 x 轴的标准差呈增加趋势，沿 y 轴的标准差呈减少趋势，形状指数从 2018 年的 0.93 减少到 2050 年的 0.81，形状更偏向于椭圆形。表明经济发展方式转变沿 x 轴趋于分散，空间拉伸主要来自东西方向，可能与全面推进区域协调发展战略有关。虽然沿 y 轴的标准差呈减少趋势，而沿 x 轴的标准差呈增加趋势，但是前者仍然大于后者的标准差。南北向展布仍然是经济发展方式转变的主要方向，东西向展布为辅。转角总体呈扩大趋势，从 2018 年的 54.07° 扩大到 2050 年的 58.31°，表明未来中国经济发展方式转变空间分布逐渐向"东北—西南"格局转变，呈现出较明显

---

① 樊杰，陶岸君，吕晨. 中国经济与人口重心的耦合态势及其对区域发展的影响 [J]. 地理科学进展，2010，29（1）：87-95.

的顺时针转动趋势。覆盖面积呈现明显的扩大趋势，到 2050 年分布范围出现明显扩大趋势，达到 438.07×10⁴km²，表明多个地区的经济发展方式转变能力皆有提升，在空间上表现为分散的特征。

总体而言，可以预见在未来一段时间内，中国经济发展方式转变的空间分布格局在东西方向扩张、在南北方向呈收缩集聚态势。2020 年全面建成小康社会后，未来 30 年是我国为实现第二个"百年目标"，即全面实现社会主义现代化强国宏伟目标的奋斗期。因此，我们必须树立人类命运共同体意识，完善和健全全面小康社会的治理体系，把握好全面建成小康社会与基本实现社会主义现代化和全面建成社会主义现代化强国目标的衔接关系，积极应对技术变革、人口、粮食、资源、环境、金融、区域协调、全球经济治理等因素对我国经济发展方式转变的时空格局变化带来的影响，以便更好为我国顺利实现社会主义现代化强国目标提供战略支撑。

5.4 本章小结

本章以 2007 年、2012 年、2018 年为研究基点，从时间和空间视角，运用探索性空间数据分析法、标准差椭圆法等方法，探讨 2007—2018 年我国经济发展方式转变的时空特征和演变规律，基本研究结论如下：

（1）从时序演变来看，在总体动态特征上，中国经济发展方式转变进程整体上成绩斐然，基本呈现逐年上升的趋势，但表现出阶段特征：2012 年前稳步上升，2012 年后上升速度明显；各省域经济发展方式转变水平都有明显的增长，但发展不平衡，各地区差异显著。在分维度变化特征上，人民生活美好水平得分最高，其次是经济结构优化水平，两者的贡献突出；绿色发展步伐加快，其作为加快经济发展方式转变的主导力量之一的地位正在增强；经济增长稳定、市场机制完善、资源高效利用三个分维度得分上升趋势不明显；创新驱动发展得分最低，表明加快创新驱动发展任重道远。在时序差异变动特征上，中国经济发展方式转变水平的相对差异屡有波动，绝对差异大致呈先升后降趋势，总体上呈现出逐步收敛态势。

（2）从空间分异特征看，我国经济发展方式转变水平空间分异明显，总体上呈典型的"地带性"和"梯度性"分布特征——"东部>东北>中部>西部"，即呈现以东部地区为增长核心，向内陆地区逐步递减的总体趋势。东部地区以第一等级为主，表明这些地区经济发展方式转变较为优越；东北部、中部地区以第二、第三等级为主，表明这些地区经济发展方式转变表现良好；而西部地区则以第三、四等级为主，表明这些省份经济发展方式转变较为落后，在经济发展过程中融入新的发展理念有待加强。

（3）从空间集聚特征看，各研究省域呈现出显著的全局空间正相关性，表现出较强的聚集分布空间格局特征。研究期内50%的省域的时空关联性质并未发生变化，大部分经济发展方式转变的局部时空关联结构相对稳定；局域空间集聚模式以"高-高"集聚和"低-低"集聚为主，其中"高-高"集聚模式呈现扩大趋势，并在东部地区居多；而西部地区大部分省域仍处于"低-低"集聚模式但呈减少的趋势；"高-低"集聚区则包括天津、湖北、福建、四川、辽宁等；"低-高"集聚区则包括河北、重庆、吉林、黑龙江等。

（4）从空间演变轨迹看，反映了中国经济发展方式转变的演变主导方向，中西部地区将成为经济发展方式转变格局演变的主要区域。研究期内表现为"东（偏北）—南（偏西）"移动轨迹，分布范围波动中呈现出扩大趋势；分布形状值呈现扩大的趋势；方位角在波动中有增大的趋势；重心从河南省漯河市转向南阳市。2018年后，我国经济发展方式转变呈现出整体向西南方向移动，转角总体呈扩大趋势，覆盖面积呈现明显的扩大趋势。未来30年，其空间分布格局呈东西方向扩张、南北方向收缩集聚态势，在空间上表现为分散特征。

6 中国经济发展方式转变时空演化格局的形成机制分析

上一章通过实证分析，初步探究了我国经济发展方式转变的时空分异特征、空间集聚特征及其演进趋势等。本章主要从自然地理、经济、社会、制度等方面对经济发展方式转变时空演化的影响因素进行识别和分析，通过建立空间计量模型探究各影响因素对经济发展方式转变的作用大小和方向，从而进一步揭示经济发展方式转变的时空演变格局形成机制。

6.1 研究方法

6.1.1 面板数据模型

面板数据回归模型（Panel Data）既能反映不同截面的个体情况，又能反映随时间变化的特性。该模型能增加自由度，包含很多的数据，因此具有减少解释变量之间的共线性、提高模型估计有效性的优点。它根据随机误差项假设的不同，可以分为混合效应、固定效应、随机效应三种类型模型。

（1）混合效应模型（pooled effect model，PE）：

$$y_{it} = \alpha + x_{it}'\beta + \varepsilon_{it}, \quad i=1, 2, \cdots, N; \quad t=1, 2, \cdots, T \tag{6-1}$$

（6-1）式中，α 为截距项，y_{it} 为被解释变量，x_{it}' 为 $k \times 1$ 阶回归变量列向量，β 为 k 维解释变量系数，随机误差项 ε_{it} 满足 iid（0，δ^2），表明所有的截面个体成员都是相同的 α 和 β。

（2）固定效应模型（fixed effect model，FE）：

$$y_{it} = \alpha_i + x_{it}'\beta + \varepsilon_{it}, \quad i=1, 2, \cdots, N; \ t=1, 2, \cdots, T \qquad (6-2)$$

（6-2）式中，α_i 是确定的、非随机的，即在截面个体成员上截距项可能都不相同，解释变量系数 β 相同，也不存在与个体相关的随机变量。该模型主要适用于个体之间的差异是确定的情形。

（3）随机效应模型（random effect model，RE）：

$$y_{it} = \alpha + x_{it}'\beta + \mu_i + \varepsilon_{it}, \quad i=1, 2, \cdots, N; \ t=1, 2, \cdots, T \qquad (6-3)$$

（6-3）式中，α 为常数截距项，μ_i 是个体的随机变量部分，反映各个体异质性特征的截距项。该模型中随机误差项是 $\mu_i + \varepsilon_{it}$。该模型主要适用于个体之间的差异是随机的情形。

就模型而言，不可观测的异质性特征往往会影响解释变量。因此，为了减少模型估计结果的偏差性，需要对面板数据模型类型进行合理选择。在实际应用中，我们通常采用 F 检验确定选用混合模型还是固定效应模型，用 Hausman 检验确定选用随机效应还是固定效应模型。[①]

6.1.2　空间计量模型

通过 ESDA 法研究分析中国省域经济发展方式转变存在的空间相关性。由于变量观察值具有空间依赖性，不满足经典普通最小二乘法（ordinary least squares，OLS）的前提条件，而采用传统计量方法会导致样本信息失真及结果有偏，所以将空间单元的相互关系引入模型，再利用空间权重矩阵 W 对线性回归模型进行修正，纳入地理因素后，建立合适的空间计量模型，以此考察变量在空间上的相关性。

1. 空间计量模型类别

（1）空间滞后模型（spatial lag model，SLM）。该模型又称为空间自回归模型，主要探讨样本省域的整体空间关联性，考察因变量的空间溢出效应，即考察地区的解释变量能否通过空间传导机制作用于邻近地区。其表达式为：

$$Y = \rho Wy + X\beta + \varepsilon \qquad (6-4)$$

该模型包含了空间滞后因变量，即包含因变量之间的内生交互项，它表示

---

① 杰弗里·M. 伍德里奇. 横截面与面板数据的计量经济分析 [M]. 北京：中国人民大学出版社，2016：205-210.

一个因变量的取值与相邻主体的因变量取值有关。式中 Y 为被解释变量样本向量，X 为解释变量观测值阵，ρ 为空间自回归系数，W 为 n 阶空间权重矩阵；β 为待估参数；Wy 为被解释变量的空间滞后值；ε 为随机误差向量。[1]

（2）空间误差模型（spatial error model，SEM）。该模型主要研究样本省域与邻近省域在空间上的差异性，考察遗漏变量造成的空间依赖效应，即因变量造成的误差冲击。其表达式分别为：

$$Y = X\beta + u \tag{6-5}$$

$$u = \lambda Wu + \varepsilon \tag{6-6}$$

该模型包含了误差项间的交互效应，认为空间影响存在于扰动项误差中，反映其他区域自变量变动对因变量的误差冲击。上述两式中，Wu 表示空间滞后项；λ 表示空间误差自相关系数；ε 为服从正态分布的随机误差向量；u 为随机误差向量（唐建荣 等，2018）[2]。

（3）空间杜宾模型（spatial Durbin model，SDM）。该模型是空间滞后模型（SLM）与空间误差模型（SEM）普遍化形式，能够更好地估计不同观测个体产生的溢出效应。SDM 模型表达式为：

$$Y = \rho Wy + X\beta + WX\theta + \varepsilon \tag{6-7}$$

该模型同时包含了内生和外生交互效应，即不仅包含因变量之间的内生交互项，还包含特定主体的因变量与相邻主体的自变量取值有关的外生交互效应。（6-7）式中的 θ 为 k 维回归系数列向量，表示各个空间滞后解释变量回归系数。若 $\theta = 0$，此时 SDM 模型转化为 SLM 模型；若 $\theta + \rho\beta = 0$，此时 SDM 模型转化为 SEM 模型，如图 6-1 所示。

2. 空间计量模型的选择

经济发展方式转变不仅对本地区经济活动的空间布局产生影响，还可能对邻近地区产生空间溢出效应，因此本书要根据研究内容选择合适的空间计量模型成为深入研究经济发展方式转变的时空演化机制的前提。空间计量模型的选择一般采用极大似然估计的似然比（LR）检验、沃尔德（Wlad）检验、拉格朗日乘子（LM）检验来进行。我们一般通过 LM 统计量的显著性来判断空间

---

① 杨冕，王银. 长江经济带 PM2.5 时空特征及影响因素研究 [J]. 中国人口·资源与环境，2017（1）：91-100.

② 唐建荣，房俞晓，张鑫和，等. 产业集聚与区域经济增长的空间溢出效应研究——基于中国省级制造业空间杜宾模型 [J]. 统计与信息论坛，2018，33（10）：56-65.

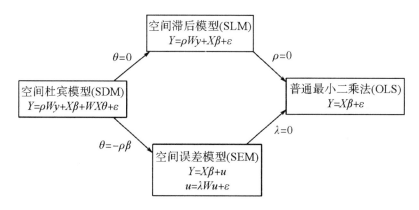

图 6-1　不同空间模型的相互关系

滞后模型（SLM）和空间误差模型（SEM）谁更加适用（Anselin，1988）[1]。若 LM 检验中的 Lagrange Multiplier（lag）在统计上比 Lagrange Multiplier（error）更显著，且它的稳健形式 Robust Lagrange Multiplier（lag）显著，而其稳健形式 Robust Lagrange Multiplier（error）不显著，则 SLM 是合适模型；反之，则适用 SEM 模型。利用 Robust LM 统计量的显著性来决定是否适用 SDM 模型。[2] 即若 Robust Lagrange Multiplier（lag）和 Robust Lagrange Multiplier（error）都显著，则适用 SDM 模型。

由于 SDM 模型是 SEM 模型与 SLM 模型的普遍化形式，所以我们在研究过程中一般通过 Wald 检验，进一步判断 SDM 模型能否化为 SLM 或 SEM 模型（Elhorst，2014）[3]。若原假设 1：$\theta=0$ 和假设 2：$\theta+\rho\beta=0$ 被拒绝，则 SDM 模型为最佳选择；若假设 1 无法被拒绝，且 Robust Lagrange Multiplier（lag）通过检验，则 SLM 模型拟合效果很好；若原假设 2 无法被拒绝，且 Robust Lagrange Multiplier（error）通过检验，则 SEM 模型拟合效果很好。

①　ANSELIN L. Spatial econometrics：Methods and models ［M］. Kluwer，Dordrecht Academic，1988：1-13.

②　LESAGE J P，PACE R K. Introduction to spatial econometrics ［R］. Boca Raton：CRC Press，2009.

③　ELHORST J P. Applied spatial econometrics：Raising the bar ［J］. Spatial economic analysis，2014，5（1）：9-28.

6.2 理论分析与研究假设

6.2.1 宏观驱动因素分析

根据新经济地理学的增长极理论、中心外围理论和经济发展方式转变理论的已有研究，中国经济发展方式转变时空演化格局是在地理区位差异驱动、子系统发展的驱动、空间邻近效应驱动、国家区域发展战略与政策的差异驱动等相互博弈的结果，具体表现在：

1. 地理区位的驱动

地理区位的差异是中国经济发展方式转变时空演化的基础驱动机制。根据前文研究结果，中国经济发展方式转变水平表现为"东部>中部>西部"的区域格局特征。从自然区位看，东部相比中西部，多位于平原区，地形、气候、水文条件相对优越，自然灾害爆发风险较小，适宜开展生产活动和居住。而中部和西部地区，特别是西部地区海拔较高，地形以高山、丘陵为主，气候相对恶劣，自然条件、生态环境相对较差等，在一定程度上阻碍了经济发展方式转变进程。从经济区位看，东部相比中西部，有相对完善的交通网络体系，积极吸引外资、参与经济全球化相对便利，经济实力雄厚，对地方政府在节能减排、创新投入、产业升级、人民福利水平提升等方面的公共服务支出能力造成影响，从而对经济发展方式转变水平产生影响。从社会区位看，东部地区在资本、资源、政策上具有明显优势，各种区域协调发展战略稳步推进，区域发展相对均衡。而地处陆地边境地区、欠发达地区、少数民族地区等多位于祖国中西部，使得中西部区域发展两极分化严重，这也是造成经济发展方式转变水平地区差异的重要因素之一。

2. 子系统发展的驱动

各子系统发展水平的提升是中国经济发展方式转变时空演化的根本驱动机制。根据前文研究结果，由于各地区经济增长稳定、创新驱动发展、市场机制完善、资源高效利用、经济结构优化、绿色发展、人民生活美好等各子系统的发展均存在一定的差异，所以各类经济发展方式转变的投入要素和支撑条件差异较大，进而会逐步影响到经济发展方式转变的时空演化差异。例如，从科技创新能力的空间分布看，东、中、西部地区的科技创新能力呈现由高到低的梯度分布，一定程度上是造成中国经济发展方式转变水平呈东、中、西部依次递减格局的关键制约因素，且这种格局有随时间逐步加强的趋势。从资源高效利用角度看，资源高效利用水平在波动中略有上升。由于各地区化解高耗能产业存在差异，所以资源利用效率的时空差异突出。从人民生活角度看，人民生活美好水平一直处于上升趋势，得分最高。经济发展方式转变的目的是促进人的全面发展，人民生活的改善有助于促进经济发展方式转变，2012 年以来我国经济发展方式转变水平明显提升的根本原因在于统筹推进"五位一体"总体布局、协调推进"四个全面"战略布局、坚持以人民为中心的发展思想的牢固树立等等。

3. 空间邻近效应的驱动

空间邻近效应是中国经济发展方式转变时空演化的重要驱动机制。经济发展受空间的影响，在经济空间上表现出明显的空间分异特征。[1] 因此，我国经济发展方式转变的过程也是经济空间分异的过程。Krugman[2]（1993）指出区域的自然禀赋为"第一自然"力量，导致区域经济发展的起点不平衡；由人类活动形成的物质资本、人口集聚度、产业集聚、交通区位等被称为"第二自然"力量，导致区域发展的过程呈现不平衡性。这两种力量共同决定经济发展方式转变的空间分异性。根据 Tobler 地理学第一定律可知"任何事物都是与其他事物相关的，只不过相近的事物关联更紧密"[3]。即地理位置越接近，相关性越强。根据上文研究，2007—2018 年中国经济发展方式转变全局 Moran's I 显著正相关，表明其空间集聚性是客观存在的。高水平区集聚分布于东部地区的发展优势必定向邻近省域扩散，空间上形成"涓滴效应"使得相邻省域之间相互联系、相互合作以及技术、人才、资金等其他资源要素流动频繁，空间邻近省域的空间溢出效应优于距离较远省域，从而造成经济发展方式转变水平差异。另外根据地理学第二定律（Goodchild，2003）[4]，"在空间统计

---

① EDWARDS C. Spatial aspects of rural development ［J］. Agricultural economics research, 1981, 33（3）: 11-24.

② KRUGMAN P. First nature, second nature and metropolitan location ［J］. Journal of regional science, 1993, 33: 129-144.

③ TOBLER W R. A computer movie simulating urban growth in the Detroit Region ［J］. Economic geography, 1970, 46（Supp 1）: 234-240.

④ GOODCHILD M F. The fundamental laws of GIScience. Paper presented at the Summer Assembly of the University Consortium for Geographic Information Science ［J］. Pacific grove, 2003（6）: 25-43.

学中，相似事务或现象在空间上集聚的性质，成为空间自相关。这种空间上的相关性（spatial association）是自然界存在秩序与格局的原因之一"。空间上的相关性或关联性使得区域差异性存在，因而不同省域经济发展方式转变时空演化格局表明空间分层异质性的存在。

4. 国家区域发展战略与政策的驱动

国家区域发展战略与政策的差异是中国经济发展方式转变时空演化的关键驱动机制。我国经济发展方式转变的东、中、西阶梯差异与改革开放以来我国实施的非均衡发展、促进欠发达地区发展、区域协调发展战略等一系列区域发展政策密切相关。1998年前，我国先后实施兴办经济特区、开放沿海城市等向东部地区倾斜政策，提出"东、中、西"三大经济地带的划分，推行向东倾斜的梯度推进区域发展战略，扩大了东、中、西部三大地带的经济差距。1999—2012年，国家开始重视地区差距问题，陆续启动实施西部大开发（2000年）、振兴东北老工业基地（2003年）、促进中部地区崛起（2004年）、东部率先转型发展（2008年）"四大板块"区域发展战略，东部沿海与中、西部地区经济差距扩大趋势得到一定程度缓解。[①] 2012年以来，随着经济发展进入新常态，我国各省域经济发展方式转变差异缩小速度明显加快。究其原因，这主要得益于"一带一路"倡议以及京津冀协同发展战略、长三角区域一体化发展、长江经济带发展战略、长江黄河流域生态保护和高质量发展战略、加大"老、少、边、穷"地区的扶持、积极探索自贸区建设发展等重大区域战略的稳步推进。这些战略政策的实施往往与相关地区经济发展方式转变的转折点具有较大的相关性。

6.2.2 微观影响因素分析与假设

长期以来，我国经济发展方式转变的时空演化有着深刻的历史、地理、经济、文化等多方面的根源。根据新经济地理学理论和已有研究成果，本书提出了一个中国经济发展方式转变时空演化格局形成的微观影响因素分析框架（图6-2），重点分析自然、经济、社会、制度等因素的差异对我国经济发展方式转变的时空演化格局带来的影响。

---

① 肖翔. 改革开放以来党协调区域发展战略的历史演变与启示 [J]. 中国特色社会主义研究，2017 (5)：26-32.

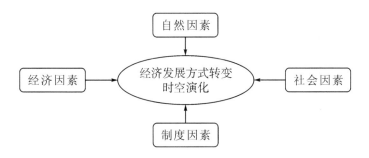

图 6-2　中国经济发展方式转变时空演化影响因素的分析框架图

1. 自然因素

自然因素是经济发展方式转变时空演化格局形成的基础动力。自然因素除包括自然资源外，还包含地理位置、地貌、地势、气候、人文条件、自然资源、生态环境等。例如，中国地形地势西高东低，地形多样，平原、盆地等地形适宜开展生产活动和居住，有利于产业布局，进而提高人民生活水平；而山地、丘陵、高海拔等地形限制交通布局、制约产业发展、技术创新、人口集聚度。同时，区域经济发展差异受到资源的丰富程度、气象水文条件等的影响，也刺激了人口的流动、基础设施的建设，从而影响各地区经济发展方式转变进程的空间布局。总之，自然因素通过影响劳动生产率、人口分布、产业结构、人类生产生活方式、制度变迁等来影响经济发展方式转变的时空格局。有学者的研究表明，人口密度与自然因素显著正相关。在本研究中，由于自然因素较多，且很难衡量，因此本书借鉴方瑜等[①]（2012）的研究方法，用人口密度作为替代变量来反映我国各地区的自然因素。

假设 1：人口密度与经济发展方式转变水平正相关。

2. 经济因素

经济因素是经济发展方式转变时空演化格局形成的核心动力，已有研究表明主要包括经济发展水平（李树 等，2015）[②]、对外经济（戴翔 等，2013）[③]、

---

①　方瑜，欧阳志云，郑华，等.中国人口分布的自然成因 [J].应用生态学报，2012（12）：3488-3495.

②　李树，鲁钊阳.省域经济发展方式转变的测度及影响因素研究 [J].云南财经大学学报，2015（3）：62-71.

③　戴翔，金碚.服务贸易进口技术含量与中国工业经济发展方式转变 [J].管理世界，2013（9）：21-31.

投资水平（肖尧 等，2017)[1]、市场化程度（张莉 等，2013)[2] 等方面。从经济发展水平看，因各地区经济发展水平又能在很大程度上对财政收入造成影响，从而使各地区在促进经济发展方式转变方面的财政投入存在差异，因此地区经济发展水平差异是造成各省域经济发展方式转变时空差异的重要因素。从对外经济看，改革开放 40 余年来，我国的对外经济快速发展，积极融入国内和国际两个市场，通过国际分工以及生产专业化提高了生产效率，从而加快了区域经济发展方式转变进程。因此，对外经济水平地区差异可能转化为经济发展方式转变时空差异的驱动力。从投资水平看，投资作为促进经济发展的"三驾马车"之一，投资水平的提高可以在资金、技术等方面有效保证经济发展方式转变进程的稳步推进。因此，各地区经济发展基础条件的差异往往是地区间投资水平差异的反映，可能导致地区经济发展方式转变时空演化格局的形成。从市场化程度看，在不同地区市场化转型带来了资源配置效率的提高以及非国有化经济发展，提升了区域经济竞争力，从而增强了吸引外资的力度等。因此，不同地区的市场化进程差异可能导致经济发展方式转变时空演化。

假设 2：经济发展水平对经济发展方式转变水平有显著的正向影响。

假设 3：对外经济对经济发展方式转变水平有正向的影响。

假设 4：投资水平的提高有利于经济发展方式转变水平的提高。

假设 5：市场化程度对经济发展方式转变水平有正向的影响。

3. 社会因素

社会因素是经济发展方式转变时空演化格局形成的关键。已有研究表明其主要包括科教水平（白永秀 等，2011)[3]、政府规制（周强 等，2017)[4]、交通区位（李树 等，2015)[5] 等方面。从科教水平看，当前我国正面临经济转型、建设现代化经济体系和推动经济高质量发展的关键时期，科技和教育无疑是加快我国经济发展方

① 肖尧，杨校美，曾守桢. 劳动力成本、投资效率与工业经济发展方式转变 [J]. 财经科学，2017 (3)：40-51.

② 张莉，王曦，才国伟，等. 减少错配，促进广东经济发展方式转变 [J]. 南方经济，2013 (12)，86-88.

③ 白永秀，王颂吉. 经济发展方式转变的目标及影响因素 [J]. 经济学家，2011 (6)：102-105.

④ 周强，朱兰. 供给侧改革、经济发展方式与投资驱动模式转变 [J]. 现代经济探讨，2017 (3)：19-23.

⑤ 李树，鲁钊阳. 省域经济发展方式转变的测度及影响因素研究 [J]. 云南财经大学学报，2015 (3)：62-71.

式、提高经济发展质量和效益的第一生产力。从政府规制来看，经济发展方式转变进程离不开政府的调节和干预，虽然干预过度又会破坏经济社会的正常运行，但总体上能够推动各地区产业和经济的发展。因此，地区政府规制的地区差异可能导致经济发展方式转变时空演化。从交通区位看，发达的交通设施有利于加强和促进地区之间合作、缩短空间距离、节约流通与交易成本，有利于资金、人才等资源要素流动，从而减少空间距离对经济发展方式转变的影响。因此，地区交通便利性的差异也可能导致经济发展方式转变的时空演化。

假设6：科教水平与经济发展方式转变水平显著正相关。

假设7：政府的合理干预有助于经济发展方式转变水平的提高。

假设8：优良的交通区位条件有利于经济发展方式转变水平的提高。

4. 制度因素

制度因素是中国经济发展方式转变时空演化格局形成的外在推力。已有研究表明区域发展政策是最重要的制度因素（高嵩 等[1]，2017；赵放 等[2]，2019）。我国政府先后实施的西部大开发、振兴东北老工业基地、中部地区崛起、东部率先转型发展四大板块区域发展战略政策，在助推区域优势互补，带动东、中、西部和东北地区经济快速发展，消除区域发展中的行政壁垒，促进生产要素在更广区域内有序流动等方面的贡献显而易见，促进了各地区经济发展方式快速转变。因此我们提出以下假设：

假设9：区域发展政策对经济发展方式转变水平有正向影响。

综上所述，中国经济发展方式转变时空演化格局是在受宏观和微观各因素共同影响和作用下逐渐形成的。区域间的经济发展方式转变可通过两个机制形成空间联系：一是由于各省域资源禀赋和环境特征的不同，特定区域在空间集聚效应下会获得更大的经济发展方式转变优势，即周边省域优质资源会向中心区域集聚，在空间上形成"极化效应"；二是由于区域协同发展性、全面建成小康社会的同步性，中心地区的优势必定向落后的邻近省域扩散，带动周围地区经济发展方式转变水平共同提升，从而在空间上形成"涓滴效应"。从宏观因素看，是在地理区位差异驱动、子系统发展水平的驱动、空间邻近效应驱

---

① 高嵩，谭亮，王士君. 政策导引下的东北地区经济发展方式转变绩效评价 [J]. 资源开发与市场，2017，33（9）：1073-1077.

② 赵放，刘一腾. 区域经济发展影响因素的效应差异研究——基于中国四大经济区域的面板数据分析 [J]. 福建师范大学学报（哲学社会科学版），2019（3）：41-50.

动、国家区域发展战略与政策的差异驱动等共同交互耦合作用下形成的在时空范畴上的格局变化。从微观因素看，地形、气候等自然因素作为先天性的自然约束力，框定经济发展方式转变时空演化的基本格局且限制了其演化；经济发展水平、对外经济、投资水平、市场化程度等经济因素，科教水平、政府规制、交通区位等社会因素改变了基本格局，进一步强化了基本格局的不平衡性；区域发展政策等制度因素在一定程度上形塑和固化了经济发展方式时空演化格局，其形成机制如图 6-3 所示。

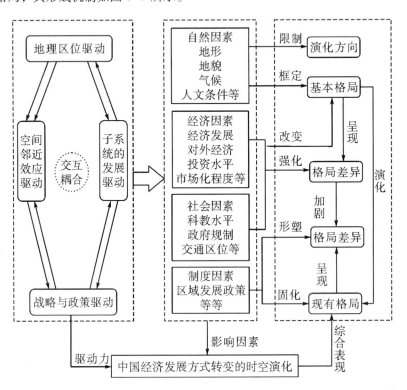

图 6-3　中国经济发展方式转变时空演化的形成机制

6.3 模型构建与变量选择

6.3.1 模型构建

根据前文的理论分析，为了检验各种因素对经济发展方式转变水平提高的影响作用的大小，以此分析经济发展方式转变时空演化影响因素的作用机制，考虑到各地区空间相关性和异质性特征，结合公式（6-1）至（6-3），同时借鉴 Giovanni 等人[①]（2012）的研究方法，首先构建基础普通面板模型：

$$\mathrm{EDPT}_{it} = \alpha + \beta_1 \mathrm{popu}_{it} + \beta_2 \mathrm{lnpgdp}_{it} + \beta_3 \mathrm{open}_{it} + \beta_4 \mathrm{inve}_{it} + \beta_5 \mathrm{market}_{it} + \beta_6 \mathrm{tech}_{it} +$$
$$\beta_7 \mathrm{gov}_{it} + \beta_8 \mathrm{traf}_{it} + \beta_9 \mathrm{policy\_wd}_{it} + \beta_{10} \mathrm{policy\_mid}_{it} + \beta_{11} \mathrm{policy\_ne}_{it} +$$
$$\beta_{12} \mathrm{policy\_ea}_{it} + \varepsilon_{it} \tag{6-8}$$

将普通面板模型作为起点纳入空间地理因素，结合公式（6-4）至（6-7），同时借鉴 Karahasan[②]（2013）的研究方法，分别构建相应的空间计量模型。

空间滞后模型（SLM）：

$$\mathrm{EDPT}_{it} = \rho \sum_{j=1}^{n} \omega_{ij} \mathrm{EDPT}_{it} + \beta_1 \mathrm{popu}_{it} + \beta_2 \mathrm{lnpgdp}_{it} + \beta_3 \mathrm{open}_{it} + \beta_4 \mathrm{inve}_{it} +$$
$$\beta_5 \mathrm{market}_{it} + \beta_6 \mathrm{tech}_{it} + \beta_7 \mathrm{gov}_{it} + \beta_8 \mathrm{traf}_{it} + \beta_9 \mathrm{policy\_wd}_{it} + \beta_{10} \mathrm{policy\_mid}_{it} +$$
$$\beta_{11} \mathrm{policy\_ne}_{it} + \beta_{12} \mathrm{policy\_ea}_{it} + \mu_i + \varepsilon_{it} \tag{6-9}$$

面板空间误差模型（SEM）：

$$\mathrm{EDPT}_{it} = \beta_1 \mathrm{popu}_{it} + \beta_2 \mathrm{lnpgdp}_{it} + \beta_3 \mathrm{open}_{it} + \beta_4 \mathrm{inve}_{it} + \beta_5 \mathrm{market}_{it} + \beta_6 \mathrm{tech}_{it} + \beta_7 \mathrm{gov}_{it} +$$
$$\beta_8 \mathrm{traf}_{it} + \beta_9 \mathrm{policy\_wd}_{it} + \beta_{10} \mathrm{policy\_mid}_{it} + \beta_{11} \mathrm{policy\_ne}_{it} + \beta_{12} \mathrm{policy\_ea}_{it} + \mu_i + \varepsilon_{it} \tag{6-10}$$

$$u_{it} = \lambda \sum_{j=1}^{n} \omega_{ij} u_{ij} + \varepsilon_{it} \tag{6-11}$$

---

① GIOVANNI M, GIANFRANCO P. SPLM：Spatial panel data models in R［J］. Journal of statistical software，2012，47（1）：1-38.

② KARAHASAN B，LO'PEZ-BAZO E. The spatial distribution of human capital：Can it really be explained by regional differences in market access?［J］. International regional science review，2013（4）：451-480.

空间杜宾模型（SDM）：

$$\text{EDPT}_{it} = \rho \sum_{j=1}^{n} \omega_{ij} \text{EDPT}_{it} + \beta_1 \text{popu}_{it} + \beta_2 \text{lnpgdp}_{it} + \beta_3 \text{open}_{it} + \beta_4 \text{inve}_{it} + \beta_5 \text{market}_{it}$$

$$+ \beta_6 \text{tech}_{it} + \beta_7 \text{gov}_{it} + \beta_8 \text{traf}_{it} + \beta_9 \text{policy\_wd}_{it} + \beta_{10} \text{policy\_mid}_{it} + \beta_{11} \text{policy\_ne}_{it} +$$

$$\beta_{12} \text{policy\_ea}_{it} + \theta_1 \sum_{j=1}^{n} \omega_{ij} \text{popu}_{it} + \theta_2 \sum_{j=1}^{n} \omega_{ij} \text{lnpgdp}_{it} + \theta_3 \sum_{j=1}^{n} \omega_{ij} \text{open}_{it} + \theta_4 \sum_{j=1}^{n} \omega_{ij} \text{inve}_{it} +$$

$$\theta_5 \sum_{j=1}^{n} \omega_{ij} \text{market}_{it} + \theta_6 \sum_{j=1}^{n} \omega_{ij} \text{tech}_{it} + \theta_7 \sum_{j=1}^{n} \omega_{ij} \text{gov}_{it} + \theta_8 \sum_{j=1}^{n} \omega_{ij} \text{traf}_{it} + \theta_9 \sum_{j=1}^{n} \omega_{ij} \text{policy\_wd}_{it}$$

$$+ \theta_{10} \sum_{j=1}^{n} \omega_{ij} \text{policy\_mid}_{it} + \theta_{11} \sum_{j=1}^{n} \omega_{ij} \text{policy\_ne}_{it} + \theta_{12} \sum_{j=1}^{n} \omega_{ij} \text{policy\_ea}_{it} + \mu_i + \varepsilon_{it}$$

$$(6-12)$$

以上三种模型中，ω_{ij} 为基于 1 阶 $Queen$ 邻接准则构建的空间权重矩阵，若两地区相邻，则取 1，否则取 0，即 $\omega_{ij} = \begin{cases} 1, & \text{省域} i \text{与省域} j \text{相邻} \\ 0, & \text{省域} i \text{与省域} j \text{不相邻} \end{cases}$。特别需要指出的是，由于海南省是一个孤立的岛屿，假定海南省与广东省相邻。若唯一存在内生空间交互效应，则采用面板空间滞后模型（SLM）；若唯一存在误差项空间交互效应，则采用面板空间误差模型（SEM）；若两者都存在，则采用面板空间杜宾模型（SDM）。被解释变量为经济发展方式转变指数，用 EDPT 表示。解释变量为人口密度、经济发展水平、对外经济、投资水平、市场化程度、科教水平、政府规制、交通区位、区域发展战略，分别用变量符号 popu_{it}、lnpgdp_{it}、open_{it}、inve_{it}、market_{it}、tech_{it}、gov_{it}、traf_{it}、policy_wd_{it}、policy_mid_{it}、policy_ne_{it}、policy_ea_{it} 表示。$\omega_{ij} \text{EDPT}_{it}$ 代表被解释变量的内生交互效应，$\omega_{ij} X$ 代表解释变量的外生交互效应，i 与 j 分别表示第 i 和 j 个省域，t 表示时间。其他符号含义与式（6-4）至（6-7）相同。

6.3.2 变量说明

1. 被解释变量

本书被解释变量为经济发展方式转变综合指数（EDPT）。数值越大表明所在地区的经济发展方式转变水平越高。经济发展方式转变综合指数通过纵横向拉开档次法获得。由于其指标体系构建和指数生成过程已在第四章做具体介绍，此处不再详细阐述。

2. 解释变量

（1）人口密度（popu）。本文采用年末总人口与地区面积之比测度。在本研究中，由于自然因素较多，且很难一一衡量，因此本书借鉴方瑜等①（2012）的研究方法，用人口密度作为替代变量来反映我国各地区的自然因素。

（2）经济发展水平（lnpgdp）。衡量地区经济发展水平的指标较多，本书选择人均 GDP 的对数来综合衡量地区经济发展水平。

（3）对外经济（open）。采用地区进出口贸易总额/地区 GDP 衡量。本书参照学者殷功利②（2018）的研究方法，采用对外开放度来反映一个地区的对外经济水平。

（4）投资水平（inve）。采用地区固定资产投资占比衡量。本书参照舒季君、徐维祥③（2015）的研究方法，用地区固定资产投资总额占地区 GDP 的比值表示投资水平。

（5）市场化程度（market）。采用市场化指数衡量。本书选取王小鲁等（2017）④ 编著的《中国分省份市场化指数报告（2016）》中的计算结果。需要说明的是，该研究数据截至 2014 年，采用线性插值法进行测算与补充。

（6）科教水平（tech）。采用国内专利数来衡量。反映科教水平的测度指标很多，例如国内专利数、每万人科技人员、R&D 经费支出占 GDP 的比重等。考虑数据的可得性，本书采用国内专利数测度。

（7）政府规制（gov）。政府规制是政府的一种调节和干预，一般很难直接度量。因此，本书参照陆远权、朱小会⑤（2016）的方法，采用地方财政支出占 GDP 的比重作为替代变量来表示。

（8）交通区位（traf）。采用地区公路里程/地区土地面积测度。交通基础设施能直接反映出地区交通区位条件，铁路、公路、航空和水运四大系统涵盖

① 方瑜，欧阳志云，郑华，等. 中国人口分布的自然成因 [J]. 应用生态学报，2012（12）：3488-3495.

② 殷功利. 中国对外开放、要素禀赋结构优化与产业结构升级 [J]. 江西社会科学，2018，38（10）：110-114.

③ 舒季君，徐维祥. 中国"四化"同步发展时空分异及其影响机理研究 [J]. 经济问题探索，2015（3）：50-57.

④ 王小鲁，樊纲，余静文. 中国分省份市场化指数报告（2016）[M]. 北京：社会科学文献出版社，2017：247-251.

⑤ 陆远权，朱小会. 政府规制、产能过剩与环境污染——基于我国省际面板数据的实证分析 [J]. 软科学，2016，30（10）：26-30.

了我国交通的基础设施概况，但考虑到数据的可获取性，本研究将公路密度作为替代变量来衡量我国的交通区位条件。

（9）四大板块发展战略用虚拟变量表示。鉴于此，本书借鉴龙宝玲、谭周令①（2018）的研究方法，西部 12 省赋值 1，否则赋值 0，用以表示西部大开发战略的实施（policy_wd）；中部 6 省赋值 1，否则赋值 0，用以表示中部崛起战略的实施（policy_mid）；东北 3 省赋值 1，否则赋值 0，用以表示东北振兴战略的实施（policy_ne）；东部 10 省赋值 1，否则赋值 0，用以表示东部率先转型发展战略的实施（policy_ea）。本书所涉及的具体指标名称及描述性统计如表 6-1 所示。

表 6-1　变量及描述性统计

变量名称	符号	变量定义	均值	最大值	最小值	标准差	观察值
经济发展方式转变指数	EDPT	经济发展方式转变指数	0.328	0.736	0.163	0.113	372
人口密度	popu	年末总人口与地区面积之比（%）	5.843	9.372	1.654	1.013	372
经济发展水平	lnpgdp	地区人均 GDP 的对数	11.373	14.926	8.134	9.078	372
对外经济	open	地区进出口贸易总额/地区 GDP（%）	0.045	0.719	0.007	0.052	372
投资水平	inve	固定资产投资总额/地区 GDP（%）	0.087	0.216	0.014	0.029	372
市场化程度	market	地区市场化指数	3.782	9.652	0.441	4.144	372
科教水平	tech	国内专利申请授权量（件）	35 167	74 661	16	528	372
政府规制	gov	地方财政支出/地区 GDP（%）	0.023	0.137	0.007	0.016	372
交通区位	traf	地区公路里程/地区土地面积（km/km²）	0.703	2.527	0.021	0.513	372
西部大开发战略	policy_wd	西部 12 省份赋值 1，否则赋值 0	0.428	1	0	0.336	372

---

① 龙宝玲，谭周令. 区域发展战略、产业结构升级与创新能力培养［J］. 新疆农垦经济，2018（2）：57-68.

表6-1(续)

变量名称	符号	变量定义	均值	最大值	最小值	标准差	观察值
中部崛起战略	policy_mid	中部6省赋值1，否则赋值0	0.306	1	0	0.218	372
东北振兴战略	policy_ne	东北3省赋值1，否则赋值0	0.219	1	0	0.168	372
东部率先转型发展战略	policy_ea	东部10省份赋值1，否则赋值0	0.397	1	0	0.324	372

6.3.3　数据说明

为了更加准确地反映各因素对经济发展方式转变时空演化的影响，本书选取2007—2018年全国31个省域地区为样本进行实证分析。上述各指标所需的数据主要来自历年《中国统计年鉴》《中国科技统计年鉴》《中国财政统计年鉴》，有关交通里程的部分数据来源于《中国交通统计年鉴》整理计算所得，市场化指数数据来自王小鲁等（2017）编著的《中国分省份市场化指数报告（2016）》。对于部分缺失数据采用线性插值法进行了补全。

6.4　实证分析与估计结果

6.4.1　普通面板模型检验与分析

面板数据模型可分为固定效应模型、随机效应模型和混合效应模型。其中固定效应又可以分为时期固定效应、空间固定效应以及时期空间双固定效应，在实际研究中，往往选用Hausman检验确定是随机效应模型还是固定效应模型合适，而随机效应模型使用较少；本书的样本回归分析限定于某些省域个体时，应选择固定效应模型。因此，为了方便与空间计量模型进行比较，本书利用Stata15.0软件，首先对不包含空间效应的普通面板模型进行混合OLS回归估计及相应的LR检验，以便判断其存在何种交互效应，其回归结果如表6-2所示。

从表6-2可看出，Hausman检验值为29.362（$P=0.002<0.01$），即拒绝原假设，证明建立固定效应模型更佳。另外，时间固定效应LR检验值和空间

固定效应检验值均通过了1%显著性检验，拒绝了双固定的非显著性原假设，所以本书还列出时空双重固定效应的估计结果。可以看出，经济发展水平、对外经济、投资水平、科教水平、市场化程度、政府规制对中国经济发展方式转变水平的影响系数均为正数，且通过了显著性检验。然而，由上一章经济发展方式转变时空分异特征分析可知，中国经济发展方式转变水平存在明显的空间相关性和依赖性，因此普通面板的回归结果可能会产生偏差，其影响因素的回归模型可能需要考虑空间效应。

表 6-2 普通面板模型 OLS 估计及 LR 检验结果表

变量	混合 OLS		时间固定效应		空间固定效应		时空双固定效应	
	系数	t 值	系数	t 值	系数	t 值	系数	t 值
常数项	2.822 ***	3.253						
popu	0.049 **	1.281	0.031 **	1.906	0.029 **	1.693	0.198 **	1.659
lnpgdp	2.669 ***	18.332	2.778 ***	15.259	2.746 ***	14.521	1.601 ***	11.036
open	0.424 ***	6.022	0.496 ***	6.329	0.417 ***	5.963	0.339 ***	4.667
inve	0.366 **	5.289	0.411 ***	6.023	0.395 ***	4.284	0.320 ***	4.361
market	1.122 *	11.364	1.011 **	10.247	0.953 ***	9.354	0.857 **	8.889
tech	0.421 **	6.231	0.576 ***	6.876	0.639 ***	6.963	0.536 ***	8.127
gov	0.174 *	4.269	0.221 ***	5.179	0.237 ***	3.394	0.159	2.967
traf	1.002 ***	5.717	0.822 ***	5.439	1.458 ***	7.023	0.302 ***	2.118
policy_wd	1.239 **	12.634	1.964 ***	16.697	1.910 ***	15.379	1.346 ***	13.629
policy_mid	1.023 **	12.693	1.221 ***	13.846	1.112 **	12.634	1.203 ***	14.469
policy_ne	1.369 **	14.269	1.029 ***	13.623	1.117 **	12.036	0.964 ***	11.203
policy_ea	0.859 ***	9.237	0.758 ***	8.256	0.746 ***	8.127	0.634 ***	7.029
Adjust R^2	0.726		0.802		0.869		0.524	
wald	1.752		2.074		1.663		1.637	
Log-likeli-hood	83.459		156.279		196.469		400.361	
LR 时间固定	354.377 ***							
LR 空间固定	406.229 ***							
Hausman	29.362 ***							

注：***、**、*分别代表10%、5%、1%的显著性水平。

6.4.2 空间计量检验与估计结果分析

1. 空间面板模型的选择和设定

选择合适的空间模型是验证估计结果精确与否的关键。根据 Elhorst[①] (2014) 提出的检验准则并借鉴韩峰和谢锐[②] (2017) 的检验方法。首先利用时间空间双固定效应下的普通面板 OLS 估计得到的残差序列进行 LM 检验，表明 LMlag 和 R-LMlag 均通过了 1% 的显著性检验，而 LMerror 和 R-LMerror 均没有通过 1% 的显著性检验，因此选择 SLM 模型比 SEM 模型更合适。再考虑 SDM 模型的适用性，即进行 SDM 模型的简化检验。可以通过 Wald 检验和 LR 检验来检验原假设 1：$\theta = 0$ 和原假设 2：$\theta + \rho\beta = 0$. 若同时拒绝这两个原假设，则 SDM 为最佳选择。若拒绝了前者且 R-LMlag 值显著，则 SDM 模型可简化为 SLM 模型；若拒绝了后者且 R-LMerror 值显著，则 SDM 模型可简化为 SEM 模型。因此，利用 Stata 15.0 软件得到时间空间双固定效应下 SDM 模型的 Wald 统计值和 LR 检验值。结果见表 6-3。

表 6-3 空间模型选择检验

检验	统计值	P 值
Wald spatial lag	34.503***	0.015
LR spatial lag	20.746***	0.008
Wald spatial error	41.395***	0.001
LR spatial error	22.405***	0.000
Hausman	86.771***	0.002

注：***、**、* 分别代表 10%、5%、1% 的显著性水平。

表 6-3 表明，空间滞后和空间误差的 Wald 统计值和 LR 值均通过了 1%，拒绝了原假设 1 和假设 2，表明解释变量内外生交互效应都显著，SDM 模型不能转化为 SLM 和 SEM 模型。另外，因 Hausman 值为 86.771，通过了 1% 的显著性检验且 p 值

---

① ELHORST J P. Matlab software for spatial panels [J]. International regional science review, 2014, 37 (3)：389-405.

② 韩峰，谢锐. 生产性服务业集聚降低碳排放了吗？——对于我国地级及以上城市面板数据的空间计量分析 [J]. 数量经济技术经济研究，2017 (3)：52-63.

小于0.01，故应采用固定效应的 SDM 模型。基于以上检验结果，为了比较和检验各变量参数估计的稳健性，本书借助 Stata 15.0 对 SLM 模型、SEM 模型和 SDM 模型分别进行时间、空间和时空双固定效应的面板数据计量估计（见表6-4）。

表6-4　SLM、SEM、SDM 模型结果比较

自变量	SLM 模型			SEM 模型			SDM 模型		
	时间固定	空间固定	双固定	时间固定	空间固定	双固定	时间固定	空间固定	双固定
popu	0.039 *** (0.889)	0.073 *** (1.006)	0.109 *** (2.051)	0.017 *** (0.936)	0.061 *** (1.114)	0.082 *** (2.978)	0.021 *** (1.059)	0.094 *** (2.069)	0.118 *** (3.002)
lnpgdp	0.829 *** (6.152)	1.296 *** (8.663)	0.995 *** (7.664)	0.629 *** (5.267)	0.963 *** (6.589)	0.899 *** (6.629)	1.066 *** (7.669)	1.864 *** (9.612)	1.521 *** (9.001)
open	0.260 *** (2.869)	0.859 *** (6.339)	0.663 *** (5.226)	0.126 *** (2.034)	0.551 *** (4.691)	0.462 *** (4.031)	0.369 *** (2.997)	0.889 *** (6.003)	0.702 *** (6.894)
inve	0.095 *** (1.336)	0.156 *** (2.669)	0.362 *** (3.003)	0.079 *** (1.057)	0.163 *** (2.693)	0.147 *** (2.148)	0.112 *** (2.516)	0.336 *** (4.164)	0.311 *** (4.001)
market	0.102 *** (2.113)	0.226 *** (3.621)	0.197 *** (2.469)	0.096 *** (1.024)	0.230 *** (3.203)	0.203 *** (2.954)	0.228 *** (3.169)	0.441 *** (5.619)	0.381 *** (4.696)
tech	0.362 *** (4.233)	0.632 *** (8.154)	0.519 *** (6.287)	0.269 *** (3.026)	0.754 *** (9.116)	0.516 *** (6.593)	0.326 *** (4.616)	0.516 *** (7.498)	0.409 *** (4.669)
gov	0.009 (0.741)	0.017 (0.969)	0.015 ** (1.004)	0.021 * (1.516)	0.037 * (1.697)	0.030 * (1.469)	0.007 (0.974)	0.062 * (1.599)	0.047 * (1.412)
traf	0.096 (1.855)	0.216 *** (3.226)	0.201 *** (2.887)	0.022 *** (1.203)	0.099 (1.995)	0.078 ** (1.846)	0.142 *** (2.003)	0.363 *** (4.019)	0.228 *** (3.061)
policy_wd	0.026 (1.003)	0.106 *** (2.169)	0.859 ** (2.007)	0.033 *** (1.612)	0.994 *** (2.151)	0.849 *** (2.169)	0.064 (1.894)	0.169 *** (2.116)	0.141 *** (2.849)
policy_mid	0.045 (0.996)	0.069 (1.003)	0.064 *** (1.007)	0.032 (0.859)	0.054 *** (10.996)	0.047 *** (0.883)	0.085 *** (1.006)	0.113 *** (2.126)	0.095 *** (1.261)
policy_ne	0.031 (0.963)	0.057 (1.621)	0.051 *** (1.203)	0.022 (0.896)	0.062 *** (1.226)	0.054 *** (1.026)	0.015 (0.859)	0.091 *** (1.666)	0.063 *** (1.459)
policy_ea	0.156 *** (2.018)	0.362 *** (4.519)	0.321 *** (4.162)	0.179 *** (2.041)	2.163 *** (3.261)	0.946 *** (1.619)	0.118 *** (1.957)	0.320 *** (4.947)	0.241 *** (3.016)
R^2	0.563	0.612	0.607	0.813	0.809	0.887	0.893	0.903	0.928
Log-likelihood	536.129	553.632	601.501	586.365	546.967	598.314	826.149	872.469	924.168

注：***、**、* 分别代表10%、5%、1%的显著性水平；括号内为 t 统计值。

由表6-4可知，时空双固定效应下SDM模型的Log-likelihood似然值和R^2拟合值最高，分别大于800和大于0.9，明显优于SLM和SEM模型，再次证明了本研究中采用双固定SDM模型最佳性。另外，表6-4所示的时间空间双固定效应下SDM模型Log-likelihood似然值显著性，比表6-2所示的普通面板OSL模型估计结果有了明显提高，这表明有进一步纳入空间效应的必要性，有效矫正了普通面板模型的估计系数偏差。综上所述，本书选取时间和空间双固定的面板SDM模型展开实证研究和分析最佳。

2. 双固定空间杜宾模型（SDM）的效应分解

对于各解释变量对经济发展方式转变的影响效应如何，有必要进行效应分解。由于我国各地区各类资源禀赋、区域经济发展水平、区域发展战略等方面存在明显差异，因而各影响因素对经济发展方式转变的影响效应不同。因此，我们首先从全国层面进行效应分解，然后再从区域层面进行效应分解。

（1）全国层面的效应分解

尽管在表6-4的SDM模型中显示了各解释变量对经济发展方式转变的系数估计值，但这并不能表示各解释变量对经济发展方式转变的边际影响。LeSage和Pace[1]（2009）指出，利用SDM模型通过简单的点估计方法往往会存在一定的误差。因为自变量的变化不仅会影响自身区域内的因变量，而且因其地理相关性而产生的溢出效应也会影响到其他区域的因变量。因此，为了综合分析各影响因素对经济发展方式转变的全部影响路径，本书将时空双固定效应下的SDM模型通过偏微分方程的方法，把选取的各影响因素对经济发展方式转变的综合影响分解为直接效应和间接效应。其中，直接效应代表本省域各解释变量的变化对本省域经济发展方式转变产生的影响。间接效应代表本省域解释变量的变动对临近省域经济发展方式转变的影响。各影响因素对经济发展方式转变的整体影响即为总效应，表示为直接效应和间接效应之和。为了定量计算出直接效应和间接效应对经济发展方式转变变化的影响程度，对式（6-7）进行变形，得到：

$$Y = (I - \delta W)^{-1}(X\beta + WX\theta + \varepsilon) \tag{6-13}$$

$$Y = (I - \rho W)^{-1}(\beta + W\theta)X + (I - \rho W)^{-1}\varepsilon \tag{6-14}$$

---

① LESAGE J，PACE R K. Introduction to spatial econometrics [M]. New York：CRC Press，2009.

对式（6-13）中被解释变量 Y 关于第 k 个解释变量的偏微分方程矩阵为：

$$\left[\frac{\partial Y}{\partial X_{1k}} \cdots \frac{\partial Y}{\partial X_{nk}}\right] = \begin{bmatrix} \frac{\partial Y_1}{\partial X_{1k}} \cdots \frac{\partial Y_1}{\partial X_{nk}} \\ \vdots \ddots \vdots \\ \frac{\partial Y_n}{\partial X_{1k}} \cdots \frac{\partial Y_n}{\partial X_{nk}} \end{bmatrix} = (1 - \rho W)^{-1} \begin{bmatrix} \beta_k \omega_{12}\theta_k & \cdots \omega_{1n}\theta_k \\ \omega_{12}\theta_k\beta_k & \cdots \omega_{2n}\theta_k \\ \vdots & \ddots & \vdots \\ \omega_{n1}\theta_k\omega_{n2}\theta_k & \cdots & \beta_k \end{bmatrix} \quad (6\text{-}15)$$

式（6-15）中，主对角线各元素的平均值为直接效应，其中 $\frac{\partial Y_i}{\partial X_{ik}}$ 表示第 k 个解释变量在 i 地区的直接效应，反映省域解释变量对该地区被解释变量的影响。$\sum_n \frac{\partial Y_i}{\partial X_{jk}}$ 表示第 k 个解释变量在 i 省域的间接效应，数值等于矩阵上非对角线元素的对应行元素之和，反映其他省域解释变量对地区被解释变量的影响程度。表 6-5 为时期空间双固定效应下 SDM 模型的直接效应、间接效应和总效应的估计结果，其估计结果和表 6-4 中 SDM 模型估计出来的结果系数大体相同，也反映出本书上述 SDM 模型的估计结果是稳健的。

表 6-5　全样本时空双固定效应的 SDM 模型效应分解

变量	直接效应		间接效应		总效应	
	系数	t 值	系数	t 值	系数	t 值
popu	0.025**	1.993	-0.010**	-1.302	0.015***	1.824
lnpgdp	1.361***	9.231	1.657***	10.564	3.018***	15.220
open	0.553***	5.663	0.264	3.026	0.817***	7.026
inve	0.221***	3.022	0.195	2.243	0.417***	4.263
market	0.318**	3.849	0.307	3.492	0.625***	5.661
tech	0.781***	6.215	0.563***	5.139	1.344***	8.468
gov	0.018	1.008	0.009	0.967	0.027	1.953
traf	0.162***	2.554	0.105**	2.023	0.267***	3.247
policy_wd	0.173***	2.337	0.079***	1.822	0.252***	3.339
policy_mid	0.131***	1.602	0.102***	1.334	0.232***	3.291
policy_ne	0.092***	1.221	0.088***	1.062	0.180***	2.741
policy_ea	0.203***	2.119	0.114***	1.493	0.317***	3.881

注：***、**、* 分别表示在10%、5%、1%的水平下显著；括号内为 t 统计值。

由表6-5各解释变量对地区经济发展方式转变的分解效应结果可知：

一是以人口密度为替代变量的自然环境对经济发展方式转变的直接效应为0.015，且通过了5%的显著性检验，即当人口密度增加1%，在其他条件保持不变的情况下该省域的经济发展方式转变水平将提高0.015%，这表明人口密度是推动经济发展方式转变水平提升的重要因素，假设1得到有效验证。可能的原因是，人口密度的提高反映了自然因素的好转，好转的自然因素一定能为经济发展方式转变水平的提升创造良好的地理环境条件。同时，其间接效应在5%的显著性水平下为-0.010，表明人口密度的提高会抑制邻近省域经济发展方式转变水平的提高。可能的解释是人口密度的提高能够显著促进大量周边省域劳动力的引进，因此会在一定程度上挤压邻近省域的劳动力，从而抑制邻近省域经济发展方式转变水平的提高。

二是人均GDP在1%的水平下具有显著的直接效应和间接效应，假设2得到验证。这表明本省域人均GDP的提高对于促进本省域经济发展方式转变水平的提高具有显著的正向作用，也有利于邻近省域经济发展方式转变水平的提升，人均GDP增长存在明显的空间溢出效应。究其原因，一方面，人均GDP值反映地区经济发展水平，而经济发展水平与经济发展方式转变是休戚与共的统一体，经济发展方式的转变过程也是我国经济从规模、速度、粗放型增长向质量、效率、集约型增长的过程。经济发展水平较高的地区，往往在人才集聚、科技创新、资金扶持等方面更具优势，故而，为经济发展方式转变提供良好的物质基础。另一方面，由于区域协同发展性、全面建成小康社会的同步性，经济发展水平较高的地区的优势必定向邻近省域扩散，带动周围省域经济发展方式转变水平共同提升，从而在空间上形成"涓滴效应"，形成新的增长极。

三是对外经济水平的总效应为正且在1%水平上显著，假设3通过检验。其中，在0.01的显著性水平上，对外经济具有显著的直接效应，其回归系数为0.553，而间接效应则在0.05水平上不显著。这表明对外经济水平的提高对本省域经济发展方式转变具有正向的促进作用，而对邻近省域经济发展方式转变水平没有显著影响。究其原因，随着中国特色社会主义进入新时代，我国更加注重扩大对外开放，注重吸引国外先进技术，进而减少创新成本，2018年我国已成为全球第二大外资流入国和第三大对外投资国。高水平引进来先进的设备、技术与管理等与大规模"走出去"的中国高铁、中国核电等推动着我国的现代化建设，从而促进了经济发展方式转变水平提升。然而，对外开放水平对周边省域的溢出效应并不明显，中心地区对国外先进生产技术的消化能力有待提高，"污染天堂"的现象在一定程度上存在（Lee，2013）[1]，抑制了邻近地区经济发展方式的转变。

四是投资水平的总效应为正且在1%水平上显著，假设4通过检验。其中，直接效应为0.221，且通过了0.01的显著性检验，表明本省域固定资产投资额占比与本省域经济发展方式转变水平正向变化，投资水平的提升能够显著促进地区经济发展方式转变水平的提高。究其原因，可能是投资与总产出之间存在着乘数效应，能有效带动区域经济发展，从而在资金、技术等方面有效保证经济发展方式转变进程的稳步推进。投资水平的间接效应为0.196，但并不显著，说明固定资产投资额占比对邻近省域经济发展方式转变水平没有明显影响。

五是市场化程度对经济发展方式转变的直接效应为0.318，且在5%水平上显著，验证了假设5。这表明市场化程度能显著带动本省域经济发展方式的转变。究其原因，市场化程度的提升反映了该地区资源配置效率的提高以及非国有化经济发展，进一步提升了经济竞争力和经济运行效率，从而有利于促进本省域经济发展方式转变；市场化程度的间接效应为0.307，但并不显著，表明市场化程度对促进邻近省域经济发展方式转变水平提升的作用有限。

六是科教水平对经济发展方式转变的直接效应和间接效应均显著为正，且通过了1%的显著性检验，假设6得到验证。这表明科教水平的提高不仅对促进本省域经济发展方式转变水平的提升具有显著的正向作用，而且对邻近省域经济发展方式转变水平的提高也有显著的正向作用。这是因为较高的科教水平所产生的知识溢出效应在推动经济发展方式转变的作用方面已日渐明显。中国迈入教育强国的新时代，更能为经济发展提供良好的人力资本，丰富劳动者文化知识，提高劳动者生产技巧、创新水平以及解决复杂问题的能力，从而提高劳动生产效率。此外，较高的科教水平的空间溢出效应明显，本省域科教水平的提升又会带动邻近省域人力资本质量、管理、科技等水平的上升，从而促进邻近省域经济发展方式转变水平的提高。因此，科教水平无疑已成为推动我国经济发展方式转变水平提高的重要因素。

七是政府规制的直接效应和间接效应均未通过显著性检验，与假设7不

---

① LEE J. The contribution of foreign direct investment to clean energy use, carbon emissions and economic growth [J]. Energy policy, 2013, 55: 483-489.

符。这表明地方财政支出因素对经济发展方式转变的推动作用并不明显。可能的原因是与我国的财政体系存在一定的关系。财政体系中转移支付的不合理现象必然抑制经济发展方式转变水平的提升。在我国经济欠发达地区长期存在优质"财源"短缺、财政支出低效率的现象，使得政府在教育、文化、科技等方面支出不足，难以满足经济发展方式转变提升的需要。因此，各地方政府应积极采取措施，推动供给侧结构性改革，厚植优质"财源"，提升财政收入增速，优化财政资源配置和财政支出，为经济发展方式转变长期健康发展提供保障。

八是以公路密度为替代变量的交通区位对经济发展方式转变的总效应为正，且在1%水平上显著，假设8通过检验。其中直接效应为0.162，且通过了1%的显著性检验，说明公路密度的提升对提升本省域经济发展方式转变水平具有明显的积极作用。可能的解释是，我国交通发展环境的改善，缩短了各省域之间的空间距离，从而实现的运输成本降低、各类生产要素自由流动、技术外溢等外部规模效应都可以促进经济发展方式转变水平的提升。其间接效应显著为正，表明公路密度的提升对邻近省域经济发展方式转变产生重要影响，而本省域公路密度的提升产生的空间溢出效应又会带动周边省域经济的发展，"涓滴效应"明显，有利于缩小区域发展差距。

九是我国"四大板块"区域战略对经济发展方式转变的直接效应和间接效应均显著为正，且都通过了1%水平的显著性检验，验证了假设9。其中西部大开发的直接效应为0.173，间接效应为0.079。这表明西部大开发战略在推动西部地区增强经济实力、促进创新驱动发展、培育现代产业体系、坚持开放引领发展、加强绿色发展等方面成效显著，促进了西部地区经济发展方式转变水平的提升。中部崛起的直接效应为0.131，间接效应为0.102，表明中部崛起战略实施以来，中部地区在人民生活水平、生态环境质量、改革创新、社会发展活力和可持续发展能力提升等方面成就显著，带动了东、中、西区域良性互动发展，从而促进了中部地区经济发展方式转变水平的提升。东北振兴的直接效应为0.092，间接效应为0.088。这表明振兴东北战略实施以来，东北地区在国企改革加快推进、着力鼓励创新创业、着力推进结构调整、生态环境和基础设施不断改善、经济综合实力有所增强等方面的能力得到提升，促进了东北地区经济发展方式转变水平的提升。东部率先发展的直接效应为0.203，间接效应为0.114。这表明东部率先发展战略发挥了增长引擎和辐射带动作用，东部地区形成的一系列改革成功经验对其他地区的发展具有重要的借鉴价值，必定扮演引领者的角色，从而促进了东部地区经济发展方式转变水平的提升。同时，这"四大板块"发展战略的协同性、联动性、整体性特征明显，必定推动形成东、中、西区域良性互动协调发展格局。

（2）地区层面的效应分解

为深入分析各因素对经济发展方式转变影响所表现出的一定的区域异质性，本书将从全国层面分为东部、东北部、中部、西部四个区域①，并分别进行时空效应下的 SDM 模型空间计量估计，具体参数估计结果如表 6-6 所示。

表 6-6　地区样本时空效应的 SDM 模型效应分解

变量	东部地区		东北地区		中部地区		西部地区	
	直接效应	间接效应	直接效应	间接效应	直接效应	间接效应	直接效应	间接效应
popu	0.335 *** (2.594)	0.093 *** (1.351)	0.018 (0.992)	0.034 * (1.221)	0.203 ** (2.013)	0.075 *** (1.274)	0.212 *** (1.661)	0.115 *** (1.541)
lnpgdp	2.631 *** (12.031)	0.871 *** (7.556)	0.884 *** (7.014)	0.412 *** (5.129)	1.116 ** (9.463)	0.551 *** (5.662)	0.994 *** (8.465)	0.625 *** (7.336)
open	0.302 *** (3.522)	0.115 *** (1.669)	0.092 (1.264)	0.013 * (0.997)	0.254 *** (3.218)	0.062 *** (1.002)	0.267 *** (3.006)	0.078 *** (1.304)
inve	0.402 *** (4.223)	0.162 *** (1.252)	0.120 *** (1.335)	0.061 *** (0.886)	0.103 * (1.259)	0.032 *** (0.964)	0.335 *** (3.427)	0.088 *** (1.021)
market	0.531 *** (6.332)	0.223 *** (3.021)	0.134 1 *** (1.623)	0.120 * (1.511)	0.122 ** (1.426)	0.095 * (1.054)	0.228 *** (3.512)	0.196 *** (2.556)
tech	1.036 *** (8.669)	0.881 *** (6.665)	0.951 *** (7.456)	0.411 * (5.149)	0.647 ** (6.415)	0.215 *** (3.226)	0.412 *** (4.749)	0.205 *** (2.664)
gov	0.201 *** (3.220)	0.103 *** (1.020)	0.085 (0.549)	0.006 * (0.426)	0.142 ** (1.849)	0.073 * (0.896)	0.126 *** (2.651)	0.105 *** (2.003)
traf	0.066 *** (1.239)	0.019 ** (1.017)	0.041 *** (1.946)	0.214 *** (3.224)	0.124 *** (1.647)	0.007 (0.691)	0.026 ** (1.361)	0.021 * (1.114)
policy_wd	0.261 *** (3.006)	0.078 *** (1.251)	0.221 *** (3.024)	0.102 * (1.594)	0.316 ** (3.854)	0.141 * (1.845)	1.324 *** (8.664)	0.558 *** (6.121)

① 2005 年 6 月国务院研究中心发布的《地区协调发展的战略和政策》报告，将中国内地分为东部、中部、西部、东北四大区域板块。其中东部地区包括北京、天津、河北、山东、上海、江苏、浙江、福建、广东、海南 10 个省域。中部地区包括山西、河南、安徽、江西、湖北、湖南 6 个省域。西部地区包括广西、云南、贵州、四川、重庆、西藏、内蒙古、陕西、甘肃、青海、宁夏、新疆 12 个省域。东北地区包括辽宁、吉林、黑龙江 3 个省域。

表6-6(续)

变量	东部地区		东北地区		中部地区		西部地区	
	直接效应	间接效应	直接效应	间接效应	直接效应	间接效应	直接效应	间接效应
policy_mid	0.625*** (6.294)	0.163*** (2.003)	0.216*** (3.216)	0.045* (1.210)	1.002** (8.116)	0.695*** (7.556)	0.212*** (1.661)	0.115** (1.541)
policy_ne	0.456*** (5.002)	0.152*** (1.662)	0.751*** (7.661)	0.362* (4.220)	0.426*** (4.661)	0.084* (1.142)	0.339*** (3.167)	0.102* (1.249)
policy_ea	1.621*** (9.663)	0.569*** (6.210)	0.662*** (0.992)	0.120* (1.552)	0.746** (7.416)	0.339* (4.206)	0.351*** (3.669)	0.059* (1.024)

注：***、**、*、分别表示在10%、5%、1%的水平下显著；括号内为 t 统计值。

表6-6的估计结果表明，东、东北、中、西部各解释变量的效应显著不同。在东部地区方面，各解释变量的直接效应和间接效应均显著为正，说明东部地区各解释变量能够促进本地区和邻近地区经济发展方式转变水平的提升，进一步体现了东部地区的龙头引领作用。在东北地区方面，人口密度、市场化程度、政府规制的直接效应不显著，间接效应在10%的显著性水平下为正，说明人口密度、市场化程度、地方财政支出占比促进本地区经济发展方式转变无明显影响，而对邻近地区有影响，这可能与近年来东北地区人口流出严重现象密切相关。在中部地区方面，虽然各解释变量的直接效应和间接效应均显著为正，但是人口密度、对外经济水平、投资水平、市场化程度的直接效应均小于西部地区，表明中部"塌陷"状态明显。在西部地区方面，解释变量的直接效应和间接效应均显著为正，表明西部大开发得到较快的发展，有利于实现对本地区和邻近地区经济发展方式转变水平的提升。总体而言，从直接效应看，经济发展水平、科教水平、交通区位和区域发展政策对经济发展方式转变水平的提升效应东部最大，东北次之，中部再次之，西部最小。

6.4.3　机制检验

结合本研究的理论分析和研究假设，进一步从增长稳定、创新驱动、市场机制、结构优化、绿色发展、资源高效、人民生活七个方面进行机制检验。由于经济发展方式转变指标构建和测度本身包含了增长稳定、创新驱动、市场机制、结构优化、绿色发展、资源高效、人民生活七个方面的内容，因而自然环境、经济、社会环境、制度因素等也必然对这些子系统产生影响。因此，本研究采用时空双固定SDM模型探讨相关解释变量对经济发展方式转变综合指标中各子系统的具体影响。表6-7揭示了解释变量对各子系统的直接效应与空间溢出效应。

表6-7　各子系统时空双固定效应下SDM的直接效应与间接效应

	变量	增长稳定	创新驱动	市场机制	结构优化	绿色发展	资源高效	人民生活
直接效应	popu	0.008 (1.953)	0.201*** (3.022)	0.054 (1.241)	0.031*** (1.651)	-0.107*** (-2.316)	0.041 (1.625)	0.053*** (1.596)
	lnpgdp	0.892*** (6.693)	1.332*** (7.030)	0.226*** (2.200)	0.121*** (1.672)	2.302*** (8.216)	0.514*** (4.269)	1.120*** (6.021)
	open	0.602*** (5.442)	0.316*** (4.037)	1.362*** (4.213)	0.022*** (0.697)	0.016 (0.947)	0.459*** (1.215)	0.063*** (2.019)
	inve	0.219*** (2.843)	0.231*** (3.016)	0.044 (1.263)	0.226*** (1.874)	-0.314*** (3.241)	0.154 (1.228)	0.213*** (13.269)
	market	0.301** (2.529)	0.092 (1.211)	1.265*** (9.262)	0.021*** (0.958)	0.120 (1.255)	0.412*** (3.623)	0.129*** (2.006)
	tech	0.706** (3.626)	0.629*** (7.166)	0.569*** (4.221)	0.241*** (3.223)	1.002*** (7.269)	0.629*** (6.207)	0.327*** (3.654)
	gov	0.017 (1.716)	0.096 (2.001)	0.014 (1.051)	0.012*** (1.051)	0.114*** (1.027)	0.009 (0.769)	0.032*** (1.364)
	traf	0.173 (2.169)	0.033 (1.217)	0.226*** (2.669)	0.106 (1.264)	-0.261 (3.226)	0.253*** (3.021)	0.062*** (1.964)
	policy_ wd	0.184 (2.362)	0.074*** (1.152)	0.025** (1.227)	0.032*** (1.621)	0.120*** (2.063)	0.042*** (1.034)	0.210*** (1.026)
	policy_ mid	0.141 (2.001)	0.036*** (1.002)	0.024** (1.223)	0.061*** (1.557)	0.231*** (2.617)	0.074*** (1.268)	0.302*** (2.668)
	policy_ ne	0.087 (1.261)	0.042*** (1.254)	0.021** (1.021)	0.031*** (1.301)	0.121*** (2.368)	0.041*** (1.226)	0.216*** (2.164)
	policy_ ea	0.110 (2.120)	0.117*** (2.361)	0.032** (1.266)	0.020*** (1.021)	0.236*** (2.697)	0.133*** (2.276)	0.257*** (2.546)
间接效应	popu	0.007 (2.031)	-0.072 (-1.309)	0.033 (1.010)	0.012 (0.853)	-0.123*** (-1.596)	0.031 (1.036)	0.042*** (1.263)
	lnpgdp	1.352*** (8.693)	0.183*** (2.033)	0.102*** (1.697)	0.084*** (1.008)	1.003*** (5.162)	0.206*** (3.009)	2.352*** (9.269)
	open	0.336*** (4.129)	0.160*** (2.004)	1.024*** (2.031)	0.009 (0.562)	0.008 (0.697)	0.131*** (1.021)	0.224*** (2.669)
	inve	0.119*** (2.024)	0.122*** (1.559)	0.031 (0.557)	0.152*** (1.216)	-0.203 (2.664)	0.021*** (0.959)	0.041*** (1.265)

表6-7(续)

	变量	增长稳定	创新驱动	市场机制	结构优化	绿色发展	资源高效	人民生活
间接 效应	market	0.102 *** (1.663)	0.061 *** (1.021)	0.591 *** (4.261)	0.011 *** (0.954)	0.059 (1.003)	0.659 (6.120)	0.226 *** (3.221)
	tech	0.439 ** (5.139)	0.339 *** (4.062)	0.224 *** (2.003)	0.098 *** (1.027)	0.369 *** (4.269)	0.159 *** (1.281)	0.426 *** (4.226)
	gov	0.009 (0.966)	0.041 (1.224)	0.007 (0.695)	0.003 (0.574)	0.106 (1.201)	0.004 (0.669)	0.004 ** (0.841)
	traf	0.101 (2.006)	0.014 (1.551)	0.105 (1.204)	0.059 (1.559)	-0.124 *** (1.027)	0.103 (1.246)	0.021 *** (1.267)
	policy_ wd	0.026 (1.229)	0.012 *** (0.949)	0.013 *** (1.210)	0.012 *** (1.021)	0.120 *** (1.621)	0.022 ** (1.024)	0.201 *** (2.959)
	policy_ mid	0.097 (1.669)	0.021 *** (1.220)	0.019 *** (0.954)	0.051 *** (1.007)	0.102 *** (1.027)	0.031 *** (0.958)	0.103 *** (2.002)
	policy_ ne	0.041 (1.226)	0.011 *** (0.854)	0.014 *** (0.847)	0.021 *** (1.031)	0.059 *** (1.026)	0.011 ** (1.002)	0.206 *** (2.602)
	policy_ ea	0.046 * (1.332)	0.066 *** (2.162)	0.023 *** (1.021)	0.019 *** (0.954)	0.102 *** (1.695)	0.058 ** (1.339)	0.331 *** (3.021)

注：***、**、*分别代表10%、5%、1%的显著性水平；括号内为 t 统计值。

从表6-7可以看出：①在经济增长稳定方面，人口密度、政府规制、交通区位、西部大开发战略、中部崛起战略、东北振兴战略的直接效应与间接效应影响系数为正，但未通过显著性水平检验。这说明这些解释变量没有显著促进本地区与邻近地区的经济增长稳定。经济发展水平、对外经济水平、投资水平、市场化程度、科教水平、东部率先发展战略的直接效应与间接效应均显著为正，说明这六个解释变量能显著促进本地区与邻近地区的经济增长稳定。②在创新驱动方面，人口密度的直接效应为正，间接效应为负，说明人口密度的提升能有效促进本地区创新驱动发展，却一定程度上抑制邻近地区创新驱动发展；政府规制和公路密度的直接效应和间接效应系数虽为正，但均未通过显著性检验，其他各变量的直接效应和间接效应系数均显著为正。③在市场机制方面，人口密度、投资水平、政府规制的直接效应和间接效应为正，但未通过显著性检验，说明人口密度、固定资产投资额占比、地方财政支出占比在促进本地区和邻近地区市场机制完善方面无明显影响。其他各变量的直接效应与间接效应均显著为正。④在结构优化方面，人口密度、对外经济、政府规制的直接效应显著为正，间接效应未通过检验，表明公路密度、对外开放度、地方财政支出占比对提升本地区结构优化水平具有显著效应，但未显著影响到邻近地区的经济结构优化水平。交通区位的直接效应和间接效应均未通过显著性检验，表明公路密度的提升未显著影响到本地区和邻近地区经济结构优化水平。其他各变量的直接效应和间接效应系数均显著为正。⑤在绿色发展方面，人口密度、投资水平、交通区位的直接效应和间接效应均显著为负，表明人口密度、固定资产投资额占比、公路密度对本地区和邻近地区绿色发展水平提升有显著的抑制作用。对外经济、市场化程度的直接效应显著为正，间接效应未通过检验，说明对外开放度和市场化水平能够促进本地区绿色发展水平的提升，而对邻近地区的绿色发展水平无明显影响。其他各变量的直接效应和间接效应系数均显著为正。⑥在资源高效方面，人口密度、政府规制的直接效应和间接效应均未通过显著性检验，表明人口密度和地方财政支出占比对资源高效利用无显著影响。投资水平的直接效应未通过显著性检验，间接效应为正，说明固定资产投资额占比对促进本地区资源高效利用无明显影响，而对邻近地区有明显影响。市场化程度、交通区位的直接效应为正，间接效应未通过检验，说明市场化程度和公路密度的提高有利于实现本地区资源高效利用，而对邻近地区无显著影响。其他各变量的直接效应和间接效应系数均显著为正。⑦在人民生活方面，各解释变量的直接效应和间接效应均显著为正，说明各解释变量能有效改善本地区的人民生活水平，也能促进邻近地区人民生活水平的提高。

总体而言，自然、经济、社会、制度等因素对本地区和邻近地区经济发展方式转变水平的影响正是其对以上七个方面作用机制影响的整体反映。以上估计结果进一步表明各解释变量能够通过增长稳定、创新驱动、市场机制、结构优化、绿色发展、资源高效、人民生活等机制作用于经济发展方式转变水平。

6.4.4 稳健性检验

以上估计结果均基于广泛的0-1邻接矩阵进行实证分析，更换不同的空间权重矩阵会对模型估计结果造成影响吗？根据研究（Garretsen & Peeters，2007）①，选择不同的空间权重矩阵 W 对空间相关性检验和空间计量模型非常

———————————
① GARRETSEN H，PEETERS J. Capital mobility，agglomeration and corporate tax rates：Is the race to the bottom for real？［J］. CESifo economic studies，2007，53（2）：263-293.

重要。为了检验结果的稳健性，本书考虑到各区域密切的经济联系和辽阔的地域范围，一是采用通常以人口密度和人均 GDP 为衡量依据的经济距离的空间权重矩阵（张学良，2012）[①]，二是采用地理距离权重矩阵，通常以相邻两区域的距离为衡量依据（曾艺 等，2019）[②]，并对上述模型重新进行回归分析。

观察基于经济距离和地理距离的空间权重矩阵下时空双固定模型估计结果（表6-8），不难发现各影响因素的直接效应与0-1邻接空间权重矩阵下的估计结果（表6-5）相比，其显著性和方向未发生变化，只是系数的数值发生了微小变化。这表明，0-1邻接、经济距离、地理距离三种空间权重矩阵下各解释变量的参数估计基本一致，模型估计结果比较稳健。

表 6-8　稳健性检验估计结果

变量	经济距离矩阵			地理距离矩阵		
	直接效应	间接效应	总效应	直接效应	间接效应	总效应
popu	0.027** (2.031)	−0.011** (−1.313)	0.016*** (1.806)	0.021** (2.013)	−0.015** (−1.325)	0.006*** (0.996)
lnpgdp	1.352*** (8.693)	1.663*** (9.872)	3.015*** (16.011)	1.343*** (8.903)	1.672*** (9.890)	3.015*** (15.032)
open	0.602*** (5.442)	0.264* (3.011)	0.866*** (6.128)	0.644*** (5.221)	0.213* (3.29)	0.857*** (6.510)
inve	0.219*** (2.843)	0.190 (2.156)	0.409*** (4.105)	0.233*** (2.843)	0.146 (2.121)	0.379*** (4.225)
market	0.301** (2.529)	0.310 (2.965)	0.611*** (5.124)	0.311** (2.430)	0.313 (2.380)	0.624*** (5.524)
tech	0.706** (3.626)	0.555*** (5.062)	1.261*** (8.041)	0.712** (3.622 6)	0.551*** (5.762)	1.263*** (8.411)
gov	0.017 (1.716)	0.010 (1.002)	0.027 (1.946)	0.012 (1.590)	0.016 (1.341)	0.028 (1.552)
traf	0.173*** (2.169)	0.113** (2.019)	0.286*** (3.331)	0.171*** (2.361)	0.110** (2.115)	0.281*** (3.087)

[①] 张学良. 中国交通基础设施促进了区域经济增长吗？——兼论交通基础设施的空间溢出效应 [J]，中国社会科学，2012（3）：60-67.

[②] 曾艺，韩峰，刘俊峰. 生产性服务业集聚提升城市经济增长质量了吗？[J]. 数量经济技术经济研究，2019（5）：83-99.

表6-8（续）

变量	经济距离矩阵			地理距离矩阵		
	直接效应	间接效应	总效应	直接效应	间接效应	总效应
policy_wd	0. 184 *** （2. 362）	0. 081 *** （1. 902）	0. 265 *** （3. 318）	0. 191 *** （2. 459）	0. 080 *** （2. 224）	0. 271 *** （3. 330）
policy_mid	0. 141 *** （2. 001）	0. 109 *** （1. 351）	0. 250 *** （3. 014）	0. 153 *** （2. 471）	0. 110 *** （1. 393）	0. 263 *** （3. 563）
policy_ne	0. 087 *** （1. 261）	0. 091 *** （1. 229）	0. 178 *** （2. 224）	0. 092 *** （1. 360）	0. 089 *** （1. 753）	0. 181 *** （2. 493）
policy_ea	0. 210 *** （2. 120）	0. 120 *** （1. 502）	0. 330 *** （3. 993）	0. 212 *** （2. 423）	0. 119 *** （1. 793）	0. 331 *** （3. 403）
$\log L$	623. 359	616. 023	521. 129	551. 103	500. 029	562. 469
R^2	0. 885	0. 814	0. 900	0. 892	0. 931	0. 916

注：***、**、* 分别表示在10%、5%、1%的水平上显著；括号内为 t 值。

6.5 本章小结

本章以新经济地理学理论为基础，着重考察了自然、经济、社会、制度等因素对经济发展方式转变时空演化的影响机理。在此基础上，主要采用空间计量经济学方法实证检验了各因素对其影响程度，以此探究了我国经济发展方式转变的时空演化形成机制。基本研究结论如下：

（1）中国经济发展方式转变时空演化格局是受宏观和微观各因素共同影响逐渐形成的。从宏观因素看，是在地理区位差异驱动、子系统发展水平的驱动、空间邻近效应驱动、国家区域发展战略与政策的差异驱动等共同交互耦合作用下形成的在时空范畴上的格局变化。从微观因素看，自然因素框定经济发展方式转变时空演化的基本格局且限制其演化；经济、社会因素改变了基本格局，进一步强化了基本格局的不平衡性；制度因素在一定程度上形塑和固化了经济发展方式时空演化格局。

（2）经济发展水平、科教水平和对外经济水平三个变量是我国经济发展方式转变时空演化形成的关键因素，进一步表明人均GDP、地区每万人科技人员数和地区进出口贸易总额占比提高，都能很显著地促进本地区经济发展方式转变水平的提升；另外，经济发展水平、科教水平"涓滴效应"明显，能显著提升邻近省域经济发展方式转变水平，而对外经济水平未对邻近省域经济发展方式转变水平产生显著的促进作用。

（3）投资水平、市场化程度、交通区位、区域发展战略和人口因素也是影响我国经济发展方式转变时空演化的重要因素。这进一步表明固定资产投资额占比、市场化程度、公路密度、区域发展战略和人口密度的提升能够显著促进本地区经济发展方式转变水平的提高。但是固定资产投资额占比对邻近省域经济发展方式转变水平没有明显影响；市场化程度对促进邻近省域经济发展方式转变水平提升的作用有限；公路密度的提升和大力发展的区域发展战略对邻近省域经济发展方式转变产生促进作用，人口密度的提高会抑制邻近省域经济发展方式转变水平的提高。

（4）政府规制因素仍未对我国经济发展方式转变水平带来显著影响效果，进一步表明地方财政支出对经济发展方式转变的推动作用并不明显。因此，各地方政府应积极采取措施，优化地方政府政绩考核机制，推动供给侧结构性改革，优化财政资源配置和财政支出，为经济发展方式转变长期健康发展提供保障。

（5）从东、东北、中、西部区域的估计结果来看，大多数影响因素对经济发展方式转变水平的提升效应东部最大，东北次之，中部再次之，西部最小。其中，东部、西部地区各变量能够促进本地区和邻近地区经济发展方式转变水平的提升。东北地区，人口密度、市场化程度、地方财政支出占比促进本地区经济发展方式转变无明显影响，而对邻近地区有影响。中部地区，人口密度、对外经济水平、投资水平、市场化程度的直接效应均小于西部地区，在一定程度上表明中部"塌陷"状态呈现。

7 研究结论、政策建议和研究展望

前 6 章在明确选题缘由与构建理论分析框架基础上,以"转变评价—时空格局—形成机制"为逻辑主线,系统研究了中国经济发展方式转变的时空演化格局及其形成机制。作为整个研究的终结,本章将归纳总结本研究的基本结论,并提出对策建议,同时指出研究的局限性及研究展望。

7.1 基本结论

(1) 新时代的经济发展方式转变,是对以往经济发展方式的深刻反思和超越,有着深刻的时代内涵,具有典型的正的外部性。

新时代我国经济发展方式转变的内涵是在习近平新时代中国特色社会主义经济思想的指导下,坚持经济、社会、生态效益最佳结合原则,以经济增长稳定为基础,以创新驱动为核心,发挥市场机制的决定性作用,达到经济结构优化和资源高效利用,促进绿色发展,最终满足人民美好生活的需要。加快经济发展方式转变不仅是全面贯彻落实习近平新时代中国特色社会主义经济思想的重要内容,也是对以往经济发展方式的深刻反思和超越。经济发展方式的转变,本质上在于利益格局的重新调整,具有典型的正的外部性。若要实现帕累托最优必须使边际私人成本(政府官员自身利益)等于边际社会收益(社会公众利益),必须通过改革现有经济发展考核与政府官员晋升激励机制,使地方政府在转变经济发展方式中受益,这样政府才会主动进行发展方式转型。

（2）中国经济发展方式转变水平整体逐年提升，特别是 2012 年上升速度明显加快；各省域经济发展方式转变水平都有明显的提升，但差异显著。各维度的转变水平差异明显，2012 年后大部分维度呈现出加快趋势；其相对差异屡有波动，绝对差异大致呈先升后降态势。

①从整体来看，2007—2018 年中国经济发展方式转变水平逐年升高，表明十多年来我国在转变经济发展方式方面所取得的成效明显。2012 年后，我国经济发展在习近平新时代中国特色社会主义经济思想引领下，经济发展方式转变迅速。②从省域视角看，各省域经济发展方式转变水平都有明显的提升，提升轨迹相似，但各省域差异较大。经济水平高、区位优势明显、人才集聚度高的东部地区经济发展方式转变水平较高；而地理条件相对恶劣、人才集聚度低、发展资金不足、经济水平相对较低的西部地区经济发展方式转变水平较低。③从分维度变化情况看，反映经济发展方式转变的七个维度中，人民生活美好水平得分最高，反映以人民为中心的发展理念政策的普遍落实；经济结构优化水平稳步提高，仅次于人民生活美好维度；绿色发展呈现先下行（2007—2010 年）而后又持续改善和大幅提升（2010—2018 年）的趋势，但作为主导力量之一的地位正在增强；经济增长稳定、市场机制完善、资源高效利用三个维度得分上升趋势不明显，同时难度也较高，面临多重复杂因素的制约；创新驱动发展得分最低，表明加快创新驱动发展任重道远。④从时序差异变动情况看，中国经济发展方式转变水平的相对差异屡有波动，绝对差异大致呈先升后降趋势，总体上呈现出逐步收敛的态势。

（3）中国经济发展方式转变水平整体上呈典型的"地带性"和"梯度性"分布特征，其空间集聚程度表现出显著的全局与局部空间集聚特征，总体格局趋于稳定。中、西部地区将成为经济发展方式转变空间格局演变的主要区域，呈现出整体向西南方向移动的态势。

①从空间分异特征看，我国经济发展方式转变水平空间分异明显，总体呈现"东部>东北>中部>西部"四级阶梯发展格局，表现为从沿海地区向内陆地区梯度递减的格局特征。东部地区以第一等级为主，表明这些地区转变的相对进程明显加快。东北部、中部地区以第二、第三等级为主，表明这些地区发展转变大多表现良好。而西部地区则以第三、第四等级为主，表明这些省份调整经济发展方式的能力相对较差。②从全局视角看，各研究省域呈现出显著的全局空间正相关性，表现出较强的集聚分布空间格局特征。即具有较高经济发展

方式转变水平的省域趋于相邻,较低经济发展方式转变水平的省域趋于相邻,在空间上各自集聚并彼此连成一片的态势。③从局域视角看,大部分省域的经济发展方式转变局部时空关联结构相对稳定,集聚模式总体呈现以"高-高"和"低-低"集聚为主的情况。其中 HH 集聚区主要分布在东部地区,且整体呈增加趋势,呈现出显著的"沿海化"分布特征;而西部地区大部分省域仍处于低低集聚区,表现出明显的"内陆化"分布特征,但整体呈减少的趋势。北京、上海、浙江、广东、江苏一直位于高-高集聚区,内蒙古、甘肃、云南、宁夏、青海、西藏一直位于低-低集聚区。高-低集聚区则包括天津、湖北、福建、四川、辽宁等;低-高集聚区则包括河北、重庆、吉林、黑龙江等。④从空间演变轨迹看,中西部地区将成为经济发展方式转变格局演变的主要区域。研究期内表现为"东(偏北)—南(偏西)"移动轨迹,分布范围波动中呈现出扩大趋势;分布形状值呈现扩大的趋势;方位角在波动中有增大的趋势;重心从河南省洛漯河市转向南阳市。2018 年后,我国经济发展方式转变呈现出整体向西南方向移动,空间分布格局在东西方向扩张、南北方向呈收缩集聚态势,在空间上表现为"分散"特征。

(4) 中国经济发展方式转变时空演化格局,通过"极化效应""涓滴效应"两个机制形成。具体而言,这种格局是受宏观和微观各因素共同影响和作用而逐渐形成的。

①区域间的经济发展方式转变可通过"极化效应""涓滴效应"两个机制形成空间联系。从宏观因素看,是在地理区位差异驱动、子系统发展水平的驱动、空间邻近效应驱动、国家区域发展战略与政策的差异驱动等共同交互耦合作用下形成的在时空范畴上的格局变化。其中,地理区位差异驱动是基础,各子系统发展水平及相互作用强度的加大是根本,空间邻近效应是重要的驱动机制,国家区域发展战略与政策的差异是关键驱动机制。②从微观因素看,地形、气候等自然因素作为先天性的自然约束力,框定经济发展方式转变时空演化的基本格局且限制了其演化;经济发展水平、对外经济、投资水平、市场化程度等经济因素,科教水平、政府规制、交通区位等社会因素改变了基本格局,进一步强化了基本格局的不平衡性;区域发展政策等制度因素在一定程度上形塑和固化了经济发展方式时空演化格局。

(5) 经济发展水平、科教水平、对外经济水平对经济发展方式转变时空演化形成的影响最为显著;其次是投资水平、市场化程度、交通区位、区域发展战略和人口密度。但目前政府规制因素仍未对我国的经济发展方式转变水平提升带来显著影响效果。

①经济发展水平、科教水平和对外经济水平三个变量是我国经济发展方式转变时空演化形成的关键因素，进一步表明人均GDP、地区每万人科技人员数和地区进出口贸易总额占比提高，都能很显著地促进本地区经济发展方式转变水平的提升；另外，经济发展水平、科教水平能显著提升邻近省域经济发展方式转变水平，而对外经济水平未对邻近省域产生显著的促进作用。②投资水平、市场化程度、交通区位、区域发展战略和人口密度也是影响我国经济发展方式转变时空演化的重要因素。这进一步表明固定资产投资额占比、市场化程度、公路密度、区域发展战略和人口密度的提升能够显著促进本地区经济发展方式转变水平的提高。但是固定资产投资额占比对邻近省域经济发展方式转变水平没有明显的影响；市场化程度的作用有限；公路密度和区域发展战略产生促进作用，人口密度产生抑制作用。③政府规制因素仍未对我国经济发展方式转变水平带来显著的影响效果，进一步表明地方财政支出对经济发展方式转变的推动作用并不明显。

（6）从东、东北、中、西部区域的估计结果来看，大多数影响因素对经济发展方式转变水平的提升效应东部最大，东北次之，中部再次之，西部最小。

其中，东部、西部地区各影响因素能够促进本地区和邻近地区经济发展方式转变水平的提升。东北地区，人口密度、市场化程度、地方财政支出占比促进本地区经济发展方式转变无明显影响，而对邻近地区有影响。中部地区，人口密度、对外经济水平、投资水平、市场化程度的直接效应均小于西部地区，一定程度表明中部"塌陷"状态呈现。

7.2 政策建议

7.2.1 结合新时代中国经济发展方式转变内涵，重视弥补短板

新时代经济发展方式转变内涵涉及经济增长、创新驱动、市场机制、经济结构、资源配置、绿色发展、人民生活等各个层面的多维的复杂过程，因此，

提升经济发展方式转变水平应该综合考虑各方面的因素。根据本书的研究，绿色发展、市场机制完善、资源高效利用、创新驱动发展还是制约经济发展方式转变水平提升的短板，还有很大的提升空间。因此，要结合新时代中国经济发展方式转变内涵，紧扣全面建成小康社会的目标，注重短板建设，为新时代背景下中国经济发展提质增效提供基本保障，为"十四五"发展和实现第二个百年目标奠定坚实的基础，从而助推中国经济高质量发展。具体讲，政策建议主要体现在以下几方面：

（1）明确和坚持正确的指导思想与发展理念。思想是行动的指南，理念是行动的先导。经济发展的价值取向是由思想、理念决定的，因而明确和坚持正确的指导思想和发展理念至关重要。中国特色社会主义进入新时代，迎来了实现"两个一百年"的光明前景。"十四五"规划即将开启，未来发展更强调新发展理念和高质量发展。因此，转变经济发展方式，必须坚持以习近平新时代中国特色社会主义经济思想为指导，让其成为指导经济社会发展的"指南针"和"紧箍咒"。习近平新时代中国特色社会主义经济思想是推动我国经济发展实践的理论结晶，是我们做好经济工作的根本遵循，必须成为全体人民的共同意志，才能加快经济发展方式转变，进而为推动我国经济高质量发展提供正确指引和思想保障。因此，要切实落实中共十九届四中全会精神，将坚持党领导经济工作的制度优势转化为治理效能，不断完善和健全经济治理体系，提高经济治理能力，以贯彻"创新、协调、绿色、开放、共享"五大发展理念为基本遵循，以落实"以人民为中心"为根本目的，并作为衡量各项决策及经济工作实践的重要标准。

（2）坚持以供给侧结构性改革为主线，激发市场活力。2020年中央经济工作会议指出，要在深化供给侧结构性改革上持续用力。随着我国经济发展进入高质量发展阶段，投资、出口对经济增长的拉动作用难以为继，消费对经济增长的拉动作用日益明显，居民消费升级倒逼我国经济必须实现高质量发展。那么如何从供给侧发力，进一步解除供给抑制，促进经济持续释放新动能，已经成为加快经济发展方式转变的关键。一是继续深化"放、管、服"改革，加快政府管理理念转变、管理方式变革和管理手段创新，减少政府的微观管理、直接干预，激发市场活力和社会创造力，提高行政服务效率，切实提升经济运行效率。二是千方百计为企业减负减压，切实加快实体经济转型发展。当前我国企业总体经营成本仍然较高，不利于企业未来的持续发展。因此，要在落实惠企减负政策上精准发力、在优化企业发展环境上持续用力、在推进企业精准帮扶上形成合力，全力打好"三去一降一补"攻坚战，确保出台的各项涉企优惠政策普遍落实。三是注重全要素生产率（TFP）的提高，推动经济提质增效。目前我国全要素生产率与发达国家相比仍有较大差距，仅仅为美国的10%，TFP增长率对GDP的贡献率偏低。因此，一方面，必须清理闲置土地和低效土地资源，使土地和资本要素向实体经济和高技术产业、企业聚集，提高土地和资本要素的使用效率；另一方面，要更多依靠人力资源的发展方式，通过依靠体制机制创新和技术创新，提高企业自动化、信息化、智能化生产管理水平，从而真正从资本、土地、劳动力等生产要素投入的增长转到更多依靠提高全要素生产率的轨道上来。

（3）加快建设创新型国家。2016年国家颁布的《国家创新驱动发展战略纲要》提到科技创新"三步走"战略①，进一步表明中国加快转变经济发展方式、提升发展质量和效益、建设现代化经济体系进程必须把科技创新摆在核心位置，创新永远是引领发展的第一动力。结合研究结论本书认为在未来一段时间内，要弥补创新驱动短板，继而推动经济实现高质量发展，主要应做到：一是加强基础研究，重视原始创新能力的提升。要强化基础研究投入，特别是涉及农业、能源、资源环境、食品安全、制造工程、防灾减灾等民生领域的基础研究投入。通过制定相关引导政策和激励措施促进政府、企业和其他社会力量增加对基础研究的投入力度。要积极引导和支持企业加强基础研究，通过税收优惠等政策，引导有条件的企业加强对基础研究的重视和投入，促进高校、科研机构和企业开展产学研协调创新。二是重视促进科技创新成果转化。要突破体制机制障碍，调动科技成果转化的积极性，使科技人才从实验室解放出来；要强化科技成果转移市场化服务，利用"互联网+技术交易"平台，建设一批线上线下相结合的技术交易市场；要搭建公共研发平台，与创新创业互动融合，增强科技成果流动性；要构建多种形式的产业技术创新联盟，为联盟成员企业提供订单式研发服务。三是健全知识产权保护体系，增强知识产权保护与执法力度。通过制定相关知识产权法律和完善知识产权相关部门的沟通协调机制，提高公众的自主创新积极性和知识产权的保护意识。四是大力培养创新型

---

① 到2020年进入创新型国家，到2035年左右进入创新型国家前列，到2050年要成为世界科技强国。

人才队伍。要推出更加积极开放的人才优惠政策，为人才成长和发展搭建平台，建立更为灵活的人才管理机制，不断优化人才发展环境，从而进一步激发创新创业活力，等等。

（4）坚持绿色发展，保护生态环境。绿色发展是新时代经济发展方式转变的普遍形态，更是实现经济高质量发展的必经之路。党的十九大报告中提出要"加快生态文明体制改革，建设美丽中国"。因此，转变发展路径，必须让绿色发展成为时代主旋律，"十四五"时期要加大绿色转型的攻坚力度，要做到以下几点：一是以习近平生态文明思想为指导，营造绿色发展的良好社会氛围。必须科学把握习近平生态文明思想的理论内涵，让"人与自然和谐共生""保护环境就是保护生产力""绿水青山就是金山银山""良好生态环境是最普惠民生福祉""山水林田湖草是生命共同体"等绿色理念深入人心，提升居民环境保护意识和生态文明建设积极性。二是着力构建绿色发展制度体系。首先，摈弃唯 GDP 论的考核体系，加快完善绿色发展和生态文明评价考核体系，构建地方政府"为发展质量而竞争"的新格局。将生态环境保护作为重要考核指标纳入政府绩效管理，引导和激励地方各级政府树立正确的政绩观，壮大绿色经济规模，走出一条产业优、质量高、效益好、可持续发展的新路子。其次，完善和落实绿色发展法律法规体系，使生态文明建设有法可依。加快建设中国特色社会主义法治体系，必须依靠严格规范完善的法律法规体系来实现人和自然和谐发展。尽快建立和完善草原保护、湿地保护、生物多样性保护、排污许可、生态补偿、生态环境损害赔偿等方面的法律法规，为绿色发展提供强有力的法治保障。最后，加强法律监督。确保《中华人民共和国大气污染防治法》《大气污染防治行动计划》《水污染防治行动计划》《土壤污染防治行动计划》等法律法规落到实处，进一步将生态环境保护各项任务落到实处。三是完善绿色发展市场机制和生态补偿机制。通过财政支撑政策，落实税收优惠等相关政策，加大对绿色节能技术研发、环保技术推广、节能技术升级改造、资源循环利用、污染防治等的支持力度；通过生态补偿立法，为生态补偿机制的规范化运作提供法律依据；通过推动生产方式和消费方式绿色化，促进人与自然和谐共生，降低污染排放，缓解资源环境压力；引导各地树立正确的发展观政绩观，决不以牺牲环境为代价换取一时一地的增长，协调推进经济高质量发展和美丽中国建设。

7.2.2 以实施区域协调发展战略为指导，充分发挥区域协同效应

经济发展方式转变具有明显的空间关联性，因此提升经济发展方式转变水平应该充分发挥地区之间的协同效应。从研究结果来看，中国经济发展转变进程已经形成了以东部沿海地区向内陆地区梯度递减的发展格局，其空间集聚程度表现出显著的全局与局部空间集聚性。大部分经济发展方式转变的局部时空关联结构相对稳定，局域空间集聚模式以"高-高"和"低-低"集聚为主。因此，发挥地区之间的协同作用就具备了理论依据和现实基础。本书根据党的十九大报告提出的关于区域协调发展要求，结合客观发展实际，提出以下几个方面的建议：

（1）加强顶层设计。改革是加快转变经济发展方式的强大动力，要重视改革顶层设计和总体规划。具体建议有以下几个方面：一是根据地理、经济区位与资源禀赋，通过"先转变"带动"后转变"这种梯度推进方式，来制定实现各地区"共同转变"这样一个长远发展目标，形成功能互补、区域联动的经济发展方式转变的空间结构，以便更好地破除地区之间利益藩篱和政策壁垒，加快形成区域协调发展新机制。二是更加强调经济社会的全面协调发展。当前，我国经济已由高速增长阶段转向高质量发展阶段，推动区域协调发展不是单纯强调经济的协调发展、追求经济发展差距的缩小，而是强调经济社会的全面协调发展，是兼顾当前利益与长远利益、局部利益与整体利益、经济发展与生态环境保护有机融合的可持续协调发展。三是进一步落实2018年中共中央、国务院《关于建立更加有效的区域协调发展新机制的意见》。要在建立与全面建成小康社会相适应的更加有效的区域协调发展新机制、区域战略统筹机制、区域发展保障机制等方面，在促进发达与欠发达地区间、陆海等之间融合发展等方面，在确保革命老区、民族地区、边疆地区、贫困地区与全国同步实现小康等方面取得新成就，从而推动形成优势互补高质量发展的区域经济布局。

（2）统筹东、中、西部协调联动发展。一是充分发挥东部区域空间溢出效应及其对邻近省域经济发展方式转变提升的辐射作用。针对目前东部地区经济发展方式转变水平高、空间溢出效应明显，而中西部经济发展方式转变水平相对较低的现状，应重视优势互补、合作共赢机制，积极引导转变水平较高的东部地区带动转变水平较低的西部地区提升经济发展方式转变能力，实现不同

地区之间人才、资金、政策等要素的交互作用与区域共享，从而缩小区域转变水平差距。二是提高区域间互动与合作。要进行对口支援制度设计，加强东、中、西部地区间互动合作，建立合作的长效机制及保障措施；要加快区域性人才公共服务体系建设，构建人才合作与交流平台；要以扶贫开发为主题，加强省域交界地区合作，提升省域交界地区人力资本存量，改善城乡居民生活水平。三是完善互助机制。要鼓励发达地区采取多种方式帮扶欠发达地区，完善发达地区对欠发达地区的对口支援制度和措施，全面建成小康社会，一个也不能少，特别是革命老区、少数民族地区、边疆地区等必须同步小康；要坚持优势互利，建立流域上下游生态补偿机制，重点加强生态功能区生态环境保护；以转型升级为主题，加强城市群内部一体化发展；要加强城市群联系，消除行政壁垒，推进在基础设施、产业发展、公共服务等领域合作，带动欠发达地区发展，构建良性互动的发展格局。

（3）要抓住发展机遇。一是务必抓住党的十八大以来党中央提出的"一带一路"建设机遇以及"京津冀协同发展""长江经济带"战略机遇，促进一体联动、重点突破。通过借力"一带一路"倡议，以落实"一带一路"国际合作高峰论坛成果为牵引，促进"政策沟通、设施联通、贸易畅通、资金融通、民心相通"为主要内容的"五通"建设，进一步促进我国特别是中西部地区的对外合作共赢，为中西部地区转变经济发展方式提供强大动力。通过借力"京津冀协同发展"战略、以有序疏解北京非首都功能为关键环节和"牛鼻子"，探索优化经济结构和空间结构的新格局。继续扎实推动以交通、产业、市场、生态环境、公共服务等方面为重点的政策、重大工程项目等落地见效，从而打造新的经济增长极、形成新的经济发展方式，实现高质量发展。通过借力"长江经济带"战略，以"共抓大保护、不搞大开发"为导向，重点走生态优先、绿色发展之路。继续落实习近平总书记主持的长江经济带发展座谈会精神，抓好水环境治理等重大工程建设，形成经济发展与生态环境保护互荣共进的新格局。二是务必抓住西部、东北、中部、东部"四大板块"战略机遇，长江流域、黄河流域生态保护和高质量发展等区域战略机遇，着力促进东、中、西部统筹协调、联动发展。通过借力深入推进西部大开发，进一步加强生态安全屏障、基础设施建设、打赢脱贫攻坚战、促进创新驱动发展、大力发展特色农业、推进城镇化等任务，加快推进经济发展方式转变，推动西部地区经济社会持续健康发展；通过借力东北振兴发展机遇，进一步推进国有企业改革、推进结构调整、改善生态环境、缓解资源枯竭、鼓励创新创业等任务，提升东北地区整体竞争力；通过借力中部崛起发展机遇，进一步提高人民生活水平、改善生态环境、加快改革创新、提高开放力度，加大中部地区对全国经济社会发展的支撑力度；通过借力东部地区优化发展机遇，深入开展东西扶贫协作、增强深化改革和推动创新发展的引领作用、发挥经济增长引擎和辐射带动作用等，提升东部地区重要的借鉴价值；通过借力长江流域、黄河流域生态保护和高质量发展区域战略，着力加强生态保护，协同推进大治理，保障两条"母亲河"的长治久安，促进长江和黄河全流域高质量发展。

7.2.3 以实施区域差异化转型发展策略为重点，充分发挥区域空间效应

经济发展方式转变水平呈现出明显的空间差异性。从研究结果来看，东部经济发展方式转变水平较高，东北地区次之，中部地区再次之，西部地区最差。由于区域之间的经济区位、资源禀赋、区域发展政策等在很大程度上决定了经济发展方式转变水平的空间差异情况，因此各地区应结合自身特点，因地制宜地制定差异化的经济转型发展策略，充分发挥区域空间集聚、关联与溢出效应。本书结合客观发展实际，提出以下几个方面的建议：

（1）对于东部地区来说，要建立省际合作机制，强化东部地区改革开放和创新发展的示范带动效应。首先，从加快京津冀经济圈经济发展方式转变看：要以改善环境、走生态文明之路为主要抓手。通过建立生态保护规划协调机制，健全生态文明建设体制机制，从源头预防生态破坏和环境污染，系统推进生态环境保护和修复力度，开展多污染物协同防治，确保生态环境质量稳步提升。要发挥京津冀协同发展对全国发展的引领作用，加快区域沟通。通过建立互联互通的现代网格化交通体系，实现要素自由流动；通过加快分散其非首都功能，提高津冀承接北京非首都功能疏解的能力。其次，从加快长三角地区经济发展方式转变看：该地区地处江海交汇之地，环境对该地区经济社会发展的承载力不足，所以建立健全流域上下游协作长效机制至关重要。要把绿色发展、循环发展、低碳发展作为破解资源环境约束，确保流域水安全，共抓水生态修复与建设，促进发展方式转变，推进产业转型升级。要抓住长三角一体化上升为国家战略的契机，发挥上海经济中心城市和改革开放"排头兵"的辐射作用。要建立长三角区域协同创新共同体，充分发挥区域内资源优势，推进区域科技创新资源共享，打造新经济新产业的重要集聚区域。最后，从加快泛

珠三角地区经济发展方式转变看：要发挥广东作为泛珠三角主核心区的引领作用，深入推进省际产业合作，引导粤港澳大湾区建设战略更好落实。要加强海南省与其他省区全面对接合作的力度，通过大力发展生态旅游产业，加快推动自由贸易试验区建设。要加强福建省的看齐意识，促进节能减排和生态环境建设，加快自主创新步伐，深化全方位开放合作，建立有利于经济发展方式转变的体制机制。

（2）对于东北地区来说，必须摆脱旧有发展路径依赖，在供给侧结构性改革上持续发力，贯彻新发展理念，围绕《推动东北地区等老工业基地振兴三年滚动实施方案（2016—2018 年）》提出的核心任务，加快经济发展方式转变，推动东北地区全面振兴。一是深化"放、管、服"改革，打造良好营商环境。通过推行"互联网+"的形式来提升政府治理能力水平和打造高效政府；通过明确政府公共职能定位来实现政府对公共资源的有效配置，从而打造温馨的营商服务环境。二是加快国企改革和推进市场化，推动国有资本做强做优做大。2016 年《中共中央、国务院关于全面振兴东北地区等老工业基地的若干意见》中明确把进一步推进国资国企改革作为新一轮振兴东北的战略重点，充分发挥国企在东北老工业基地振兴中的积极作用。因此应在东北地区设立国企改革试验区，允许地方大胆探索。以混合所有制改革为突破口，以公司治理机制为重点，激发国企创造力，让老企业焕发新活力。积极支持央地企业合理重组、提升配套生产能力，促进产业转型升级。三是促进科技创新。要以高层次人才引进为基础推动东北地区科技进步，通过打造人才发展平台，栽好"梧桐树"，引得"凤凰"来，充分发挥人才的知识溢出效应；要积极践行"中国制造 2025"战略，通过构建创新创业人才高地，推进推动互联网、大数据、人工智能和实体经济深度融合；要充分挖掘东北地区科技资源优势，积极推动物联网、云计算、大数据及移动互联网的广泛应用，为产业多元化发展提供新动力，从而推动产业转型升级。四是打造优质品牌。要提升东北制造的质量，重点提升先进轨道交通、工业机器人、航空航天等产业发展水平和产业竞争力；要在"东北品牌"上下功夫，充分挖掘农业、冰雪资源等东北特色资源产品的价值，打造具有全国特色的"东北品牌"；要通过互联网、大数据等技术手段，打造区域知名产品品牌，不断培育健康养老、旅游休闲、文化娱乐等新增长点。

（3）对于中部地区来说，必须推动经济高质量发展，不断增强中部地区综合实力和竞争力，加快中部地区经济发展方式转变，围绕《促进中部地区崛起"十三五"规划》提出的发展目标，结合2019年习总书记在推动中部地区崛起工作座谈会的讲话精神，应做到以下几点：一是推动制造业高质量发展。根据党的十九大提出的"加快建设制造强国，加快发展先进制造业"战略，中部地区要打造为全国先进制造业中心，努力构建现代化经济体系，积极主动融入新一轮科技和产业革命，布局云计算、大数据、人工智能、5G等先进技术，为中部地区工业转型升级奠定坚实基础。二是提高关键领域自主创新能力。虽然近年来我国科技水平取得了显著成就，但关键核心技术创新能力同国际先进水平相比还有很大差距。提高关键领域自主创新能力已成为新时代中部地区加快经济发展方式转变的重要环节。要推动科技成果转化和产业化，通过加大科技投入力度，广泛开展各种形式的自主创新活动。通过鼓励企业与高校、科研院所形成创新联合体，加快科技成果向生产力转化的进程；通过充分发挥人才力量，强化科技人才队伍建设，适度加大教育、医疗等公共产品供给，从而增强中部地区对人才的吸引力；要加强知识产权保护，通过建设完善"两法衔接"的信息共享平台，提高社会知识产权意识、调动创新者积极开展知识产权工作。三是积极承接新兴产业布局和转移。要加快推进中部地区产业转移集聚区建设，积极承接产业转移。要提升产业链水平作为一体化发展的突破口，推动产学研用合作，聚焦新兴产业、未来产业、传统产业，促进产业链与创新链精准对接。四是扩大对外开放水平。中部地区要积极融入国家战略，从中部腹地到开放高地，积极参与"一带一路"国际合作，加快形成全方位、高水平开放的新格局，奋力开创中部地区崛起新局面。

（4）对于西部地区来说，必须坚定不移地推动供给侧结构性改革，突出抓重点、补短板、强弱项、紧紧围绕西部地区"十三五规划"完美收官和全面建成小康社会的目标，加快促进西部地区经济发展方式转变，推动西部经济持续健康发展。一是积极培育壮大经济新动能。推动西部产业转型升级，使经济发展朝更高质量增长迈进。大力发展一批信息技术、高端装备制造、绿色低碳、生物医药、数字经济、新材料等战略性新兴产业，满足人民对更高质量产品的需求。完善财政补贴政策的"红包雨"，特别对基础研究和关键领域的技术研究要加大补贴力度。更好地发挥政府的作用，谨慎地使用行政干预手段，更多依靠市场。通过一系列体制机制改革，促进新旧动能及时接续转换。二是促进民营经济发展。由于西部地区市场化进程一直比较落后，市场对资源配置的决定性作用不明显，市场经济发展的活力不足，民营经济的产出总量、带动就业等方面不佳等等，这些都不利于经济发展方式的转变。因此，要按照国务院新"36条"的要求积极引进和利用民间资本，建立完善的社会信用体系；要对各类投资主体一视同仁，落实减税降费政策，破除外资和民间投资市场准入壁垒；要努力补齐营商环境短板，大幅简化审批流程，创新事中事后监管模式，减轻企业生产经营负担，提升办事效率和服务水平。三是提高西部地区居民收入，努力缩小发达地区与欠发达地区的贫富差距，有利于形成经济方式转变的稳定社会环境。政府要积极转变政府职能、加大政府部门对民生领域的投资力度，实现基本公共服务均等化；加强财政资金管理，提高财政资金投资效益，厚植优质"财源"，提升财政收入增速，优化财政资源配置和财政支出，重点投资于农业、科技进步、区域发展等领域，为西部地区经济发展方式转变长期健康发展提供保障。四是发展特色产业，提高经济发展的质量和层次。西部地区有独特的资源及文化，应大力发展以文化、旅游、休闲观光为主要内容的特色产业；要做好产业发展和制度安排工作，规避无序开发造成的资源环境破坏等。总之，只有西部地区经济繁荣，才有经济发展方式的快速转变。

7.2.4 以加强空间关联为手段，加快促进低水平区转型发展

政府制定提升经济发展方式转变水平的政策时，需要充分考虑不同省域经济发展方式转变的时空动态演变情况，同时也需兼顾本省域经济发展方式转变水平提升的能力与邻近省域经济发展方式转变的状态。本书结合客观发展实际，提出以下几个方面的建议：

（1）建设高质量发展的现代化产业体系。2020年中央经济工作会议指出，要加快现代化经济体系建设。具体建议有以下几个方面：一是大力发展现代服务业。目前发达国家和地区服务业占GDP的比重一般都在70%以上，而2018年我国服务业占GDP的比重为51.8%，与发达国家相比还存在较大距离。因此，我国应大力发展现代服务业，同时不断向工业强国迈进，把发展实体经济作为重中之重，不断提高实体经济发展质量。二是持续深入推进产业转型升级。以习近平新时代中国特色社会主义思想为指导，坚持"质量第一、效益优先"原则。一方面，全面淘汰落后生产能力，严禁新建过剩产业、落后产能、高耗能高污染等项目；另一方面，培育创新引领型企业，以"中国制造2025"为引领，推进农业、制造业与互联网、大数据、数字经济、人工智能等

的深度融合，围绕重点产业转型攻坚和绿色化改造、智能化改造等方面，引领带动一批企业加快转型升级。三是大力发展战略性新兴产业。战略性新兴产业建设作为创新强国和制造强国的战略支撑，要围绕"中国制造2025"战略，大力培育轨道交通、重型机械、通用航空、新能源汽车、大数据等产业集群。应充分利用我国进一步扩大开放的机遇，在培育产业集群上加快突破，要在集聚全球创新要素上加快突破，构建占据产业链高端的战略性新兴产业和高新技术产业体系。

（2）重视和改善民生，特别是困难群众基本生活得到有效保障。中国特色社会主义进入新时代，转变经济发展方式的目的就是要发展成果更多更公平地惠及全体人民。必须在教育、收入分配、就业、社会保障、医疗卫生等涉及民生方面的领域做出努力，切实保障困难群众的基本生活。一是努力让人民享有更好更公平的教育。教育是民族振兴、社会进步的重要基石。要始终把教育摆在优先发展的战略位置，优化教育资源配置，逐步解决不同区域、城乡、教育层次结构不平衡等问题。要促进教育均衡发展，加大革命老区、民族地区、边远地区、贫困地区的基础教育的投入力度；要多渠道增加学前教育资源供给，加强师资队伍和师德师风建设，优化高等教育结构。二是实现更高质量和更充分就业。就业是民生之本，牵动着千家万户的生活。要实施就业优先战略和更加积极的就业政策，引导劳动力适应和促进企业实现转型升级。落实和完善援助措施，创造更多就业岗位。要重点抓好高校毕业生就业和化解产能过剩中出现的下岗再就业工作，实现零就业家庭动态"清零"。要创造良好的就业环境，增强劳动者创业和就业的能力，不断优化就业结构，构建和发展和谐劳动关系。三是建设更加公平可持续的社会保障制度。按照兜底线、织密网、建机制的要求，保障群众基本生活，是必须坚决守住的社会稳定的底线。要推动养老保险制度改革，建立覆盖城乡的普惠性养老保险制度，提高居民养老保险的缴费能力与水平。要更加注重对特定人群特殊困难的精准帮扶，实行应保尽保。要加快推进住房保障和供应体系建设。四是加快推进健康中国建设。健康是促进人的全面发展的必然要求，也是人民群众共同的美好追求。要把人民健康放在优先发展的战略地位，努力为人民群众提供全生命周期的卫生与健康服务。坚持"医疗、医保、医药"三医联动，毫不动摇医疗卫生事业的公益性，着力改变基本医疗卫生资源配置不均衡的状况，满足群众合理的异地就医需求。要广泛开展全民健身运动，倡导健康文明的生活方式，树立大卫生、大健康观念。

7.3 研究不足与展望

本书不仅构建了适应新时代的中国经济发展方式转变评价指标体系，而且对中国各省进行了评价，还从经济发展方式转变的时空演化格局及其形成机制等方面进行了研究。总体而言，笔者力求研究深入、严谨，但自身学术水平有限，本研究仍存在许多问题与不足。未来还有很多工作要做，主要体现在以下五个方面：

一是关于新时代中国经济发展方式转变的评价指标体系有待完善。本书从增长稳定、创新驱动、市场机制、结构优化、资源高效、绿色发展、人民生活七个维度构建了新时代中国经济发展方式转变的评价指标体系。本书基于研究目的和数据可得性，所构建的评价指标体系不可能全面反映我国经济发展方式转变水平。实际上，随着学界对习近平新时代中国特色社会主义思想的深入研究，新时代经济发展方式转变的内涵也在不断拓展。例如，部分学者将区域协调水平、基础设施完善、公众幸福感等也纳入经济发展方式转变评价指标体系。总体而言，本书所构建的经济发展方式转变的指标评价体系仍需不断完善和持续优化。因此，在未来研究中，需要掌握新时代关于经济发展方式转变的内涵、评价体系构建、评价方法等相关研究的前沿学术动态，还要基于地方经济发展水平、核心执政目标、公众诉求等方面的差异，及时调整和完善更加全面反映新时代经济发展方式转变的指标评价体系，通过目标构建为政策制定和实施提供方向。

二是有关经济发展方式转变情况的案例研究有待挖掘。本研究对我国经济发展方式水平的评价只是一个宏观的把握，数据获取基本统一来源于各大统计年鉴，缺乏微观案例和深入调研，因而对不同地区的经济发展方式转变情况没有做出实际调研和深入分析。故而，在未来研究中，随着国家转型发展政策的制定与实施，在典型试点区域挖掘典型案例，因地制宜地探索不同区域的经济转型发展案例，为"经济发展方式转变"与"经济高质量发展"间的衔接提供案例支撑，对本研究而言将具有很强的现实指导意义。

三是研究尺度的选取有待细化。本研究以 31 个省域为研究对象，研究尺度较大，有不尽如人意之处。例如不能洞察更小空间单元（市域）的时空规律，无法形成省域和市域的横向比较，同时所构建空间邻接关系矩阵在一定程度上制约了空间计量方法的使用。究其原因，省域内部的差异性（如资源禀赋、产业结构等）未被考虑，而实际上地级市层面的差异性是普遍存在的。因此，在未来研究中，需将研究尺度进一步细化到市级或县域层面，将有助于我们更好地理解经济发展方式转变的地区差异性。

四是有关经济发展方式转变的区域性变动趋势分析预测研究有待进一步探讨。本研究表明我国各省域经济发展方式转变时空特征较为明显，然而，这一研究结论是否符合经济发展方式转变的区域性动态变化未来发展趋势，有待进一步验证。因此，在未来研究中，为了更有利于认清经济发展方式转变的动态规律，可加强对我国不同省域经济发展方式转变的未来情况进行预测研究，对本研究而言将是一种有益补充。

五是有关经济发展方式转变的时空演化格局形成机理有待深入剖析和完善。本研究根据"增长极理论""中心-外围"等理论，并基于自然地理、经济、社会、制度等方面对经济发展方式转变时空演化的影响因素进行识别和分析。然而，这些影响因素的确定存在主观性较强的特性，故而在未来研究中，需结合宏微观的分析，确定一系列更受认可、更加严谨的影响因素仍不可忽视，将有助于深入地揭示经济发展方式转变的时空演化形成机制。

参考文献

白俊红，聂亮，2018. 能源效率、环境污染与中国经济发展方式转变 [J]. 金融研究（10）：1-17.

白永秀，王颂吉，2011. 经济发展方式转变的目标及影响因素 [J]. 经济学家（6）：102-105.

庇古，2006. 福利经济学 [M]. 朱泱，张胜纪，吴良建，译. 北京：商务印书馆.

蔡进，廖和平，禹洋春，等，2018. 重庆市城镇化与农村发展水平时空分异及协调性研究 [J]. 世界地理研究，27（1）：72-82.

曹鹏，白永平，2018. 中国省域绿色发展效率的时空格局及其影响因素 [J]. 甘肃社会科学（4）：242-248.

钞小静，任保平，2011. 中国经济增长质量的时序变化与地区差异分析 [J]. 经济研究（4）：26-40.

车磊，白永平，周亮，等，2018. 中国绿色发展效率的空间特征及溢出分析 [J]. 地理科学，38（11）：1788-1798.

陈才，2001. 区域经济地理学 [M]. 北京：科学出版社.

陈国宏，李美娟，2014. 基于总体离差平方和最大的区域自主创新能力动态评价研究 [J]. 研究与发展管理，26（5）：43-53.

陈海波，江婷，2015. 我国区域经济发展方式转变的差异性研究 [J]. 科技管理研究（11）：81-85.

陈金晓，2019. 大数据与中国经济转型升级 [J]. 经济论坛（3）：26-32.

陈清，2011. 发达国家和地区转变经济发展方式的经验与启示 [J]. 亚太经济（1）：38-40.

陈孝兵，2009. 论制度创新与经济发展方式的转变［J］. 理论学刊（8）：47-51.

陈志刚，郭帅，2016. 中国经济发展方式转变的阶段划分与测度［J］. 中南民族大学学报（人文社会科学版）（2）：89-95.

迟爱萍，2017. 习近平关于加快转变经济发展方式的战略思想探析［J］. 中国井冈山干部管理学院学报，10（4）：19-27.

仇方道，佟连军，朱传耿，等，2009. 省际边缘区经济发展差异时空格局及驱动机制：以淮海经济区为例［J］. 地理研究，28（2）：451-463.

戴翔，金碚，2013. 服务贸易进口技术含量与中国工业经济发展方式转变［J］. 管理世界（9）：21-31.

单良，张涛，2018. 中国产业结构与就业结构协调性时空演变研究［J］. 中国人口科学（2）：39-49.

邓聚龙，2005. 灰色系统基本方法［M］. 2版. 武汉：华中科技大学出版社.

丁刚，陈阿凤，2012. 我国省域经济发展方式转变的空间关联模式研究［J］. 华东经济管理（10）：50-53.

丁建军，李峰，曾象云，2013. 基于ESDA的我国省域经济发展可持续性改善的时空特征研究［J］. 区域经济论（4）：68-76.

樊纲，王小鲁，张立文，等，2013. 中国各地区市场化相对进程报告［J］. 经济研究（3）：9-18.

樊杰，郭锐，2015. 面向"十三五"创新区域治理体系的若干重点问题［J］. 经济地理，35（1）：1-6.

樊杰，陶岸君，吕晨，2010. 中国经济与人口重心的耦合态势及其对区域发展的影响［J］. 地理科学进展，29（1）：87-95.

方叶林，黄震方，陈文娣，等，2013. 2001—2010年安徽省县域经济空间演化［J］. 地理科学进展，32（5）：831-839.

方瑜，欧阳志云，郑华，等，2012. 中国人口分布的自然成因［J］. 应用生态学报（12）：3488-3495.

封志明，等，2007. 中国地形起伏度及其与人口分布的相关性［J］. 地理学报，62（10）：73-78.

付帼，雷磊，2014. 中国八大沿海经济区经济空间差异性时空变化研究

[J]. 经济地理, 34 (3): 6-9, 37.

傅辰昊, 周素红, 闫小培, 等, 2015. 中国城乡居民生活水平差距的时空变化及其影响因素 [J]. 世界地理研究, 24 (4): 67-77.

高峰, 2008. 国外转变经济发展方式体制机制经验借鉴 [J]. 世界经济与政治论坛 (3): 113-116.

高嚣, 谭亮, 王士君, 2017. 政策导引下的东北地区经济发展方式转变绩效评价 [J]. 资源开发与市场, 33 (9): 1073-1077

高培勇, 杜创, 刘霞辉, 等, 2019. 高质量发展背景下的现代化经济体系建设: 一个逻辑框架 [J]. 经济研究 (4): 4-16.

关皓明, 翟明伟, 刘大平, 等, 2014. 中国区域经济发展方式转变过程测度及特征分析 [J]. 经济地理, 34 (6): 17-24.

郭强, 2019. 可持续发展思想与可持续发展政策 [J]. 社会治理 (1): 26-34.

郭亚军, 2002. 一种新的动态综合评价方法 [J]. 管理科学学报, 5 (2): 49-54.

郭亚军, 姚远, 易平涛, 2006. 一种动态综合评价方法及应用 [J]. 系统工程理论与实践 (10): 154-159.

国家统计局, 2017. 2016 年生态文明建设年度评价结果公报 [R].

国务院发展研究中心课题组, 2010. 转变经济发展方式的战略重点 [M]. 北京: 中国发展出版社.

韩峰, 谢锐, 2017. 生产性服务业集聚降低碳排放了吗? ——对于我国地级及以上城市面板数据的空间计量分析 [J]. 数量经济技术经济研究 (3): 52-63.

何红光, 宋林, 李光勤, 2017. 中国农业经济增长质量的时空差异研究 [J]. 经济学家 (7): 87-97.

何剑, 王欣爱, 2016. 中国产业绿色发展的时空特征分析 [J]. 科技管理研究 (21): 240-246.

何仁伟, 樊杰, 李光勤, 2018. 环京津贫困带的时空演变与形成机理 [J]. 经济地理, 38 (6): 1-9.

何兴邦, 2018. 环境规制与中国经济增长质量——基于省际面板数据的实证分析 [J]. 当代经济研究, 40 (2): 1-10.

贺灿飞，梁进社，2004. 中国区域经济差异的时空变化：市场化、全球化与城市化 [J]. 管理世界（8）：8-17.

贺三维，王伟武，曾晨，等，2016. 中国区域发展时空格局变化分析及其预测 [J]. 地理科学，36（11）：1622-1628.

胡鞍钢，周绍杰，2019. 习近平新时代中国特色社会主义经济思想的发展背景、理论体系与重点领域 [J]. 新疆师范大学（哲学社会科学版），40（2）：7-15.

胡锦涛，2007. 高举中国特色社会主义伟大旗帜，为夺取全面建设小康社会新胜利而奋斗 [R]. 北京：人民出版社.

胡锦涛，2012. 坚定不移沿着中国特色社会主义道路前进，为全面建成小康社会而奋斗 [M]. 北京：人民出版社.

焕波，张永军，2010. 转变经济发展方式评价指数研究 [J]. 中国经贸导刊（4）：18-19.

黄家顺，邬沈青，2014. 转变经济发展方式的新内涵与新路径 [J]. 江汉论坛（12）：12-16.

黄泰岩，2007. 转变经济发展方式的内涵与实现机制 [J]. 求是（18）：6-8.

江孝君，杨青山，耿清格，等，2019. 长江经济带生态—经济—社会系统协调发展时空分异及驱动机制 [J]. 长江流域资源与环境，28（3）：493-503.

杰弗里·M. 伍德里奇，2016. 横截面与面板数据的计量经济分析 [M]. 王忠玉，译. 北京：中国人民大学出版社.

康珈瑜，索志辉，梁留科，2019. 中国市域居民住房支付能力时空演变及影响因素 [J]. 干旱区地理（4）：2-19.

康沛竹，段蕾，2016. 论习近平的绿色发展观 [J]. 新疆师范大学学报（哲学社会科学版），37（4）：18-23.

劳尔·普雷维什，1990. 外围资本主义：危机与再造 [M]. 苏振兴，袁兴昌，译. 北京：商务印书馆.

蕾切尔·卡逊，1979. 寂静的春天 [M]. 北京：科学出版社.

冷兆松，2011. 加快转变经济发展方式战略的形成历程与重大发展 [J]. 毛泽东邓小平理论研究（9）：50-54.

李恩龙，杨永春，史坤博，等，2017. 省域视角下中国保险业市场的时空特征［J］. 经济地理，37（5）：116-124.

李福柱，赵长林，2016. 中国经济发展方式的转变动力及其作用途径［J］. 中国人口·资源与环境，26（2）：152-162.

李干杰，2018. 全力打好污染防治攻坚战［J］. 行政管理改革（1）：22-27.

李俊杰，景一佳，2019. 基于 SBM-GIS 的绿色发展效率评价及时空分异研究——以中原城市群为例［J］. 生态经济，35（9）：94-101.

李黎明，谢子春，梁毅劼，2019. 创新驱动发展评价指标体系研究［J］. 科技管理研究（5）：59-69.

李玲玲，张耀辉，2011. 我国经济发展方式转变测评指标体系构建及初步测评［J］. 中国工业经济（4）：54-63.

李强，李新华，2018. 新常态下经济增长质量测度与时空格局演化分析［J］. 统计与决策（13）：142-145.

李瑞，吴殿廷，鲍捷，等，2013. 高级科学人才集聚成长的时空格局演化及其驱动机制——基于中国科学院院士的典型分析［J］. 地理学报，32（7）：1123-1138.

李书昊，2019. 新时代中国经济发展方式转变的测度研究［J］. 经济学家（1）：53-61.

李树，鲁钊阳，2015. 省域经济发展方式转变的测度及影响因素研究［J］. 云南财经大学学报（3）：62-72.

李晓西，潘建成，2010.2010 中国绿色发展指数年度报告——省际比较［M］. 大连：东北财经大学出版社.

李月，徐永慧，2019. 结构性改革与经济发展方式转变［J］. 世界经济（4）：53-76.

林宪斋，2010. 加快经济发展方式转变的理论与政策研究［J］. 求索（10）：33-35.

林毅夫，苏剑，2007. 论我国经济增长方式的转换［J］. 管理世界（11）：5-13.

蔺雪芹，郭一鸣，王岱，2019. 中国工业资源环境效率空间演化特征及影响因素［J］. 地理科学，39（3）：377-386.

刘焕，胡春萍，张攀，2015. 省级政府实施创新驱动发展战略监测评估

［J］．科技进步与对策（8）：128-132．

刘明广，2017. 中国省域绿色发展水平测量与空间演化［J］．华南师范大学学报（社会科学版）（3）：37-44．

刘世佳，2007. 加深对转变经济发展方式的理论认识［J］．学术交流（11）：1-6．

刘树峰，杜德斌，覃雄合，等，2019. 基于创新价值链视角下中国创新效率时空格局与影响因素分析［J］．地理科学，39（2）：173-182．

刘涛，史秋洁，王雨，等，2018. 中国城乡建设占用耕地的时空格局及形成机制［J］．地理研究，37（8）：1609-1623．

刘湘溶，2009. 经济发展方式的生态化与我国的生态文明建设［J］．南京社会科学（6）：38-42．

刘湘溶，2009. 转变经济发展方式应坚持三重取向［J］．湖南师范大学社会科学学报（5）：25-27．

刘骁毅，2013. 中国金融结构与产业结构关系研究［J］．财经理论与实践（3）：24-28．

刘彦随，杨忍，2012. 中国县域城镇化的空间特征与形成机理［J］．地理学报，67（8）：1011-1020．

刘治彦，2018. 新时代中国可持续发展战略论纲［J］．改革（7）：25-34．

龙宝玲，谭周令，2018. 区域发展战略、产业结构升级与创新能力培养［J］．新疆农垦经济（2）：57-68．

卢新海，柯楠，匡兵，等，2018. 中部地区土地城镇化水平差异的时空特征及影响因素［J］．经济地理，39（4）：192-198．

陆远权，朱小会，2016. 政府规制、产能过剩与环境污染——基于我国省际面板数据的实证分析［J］．软科学，30（10）：26-30．

罗腾飞，罗巧巧，2019. 贵州省县域经济差异性及空间演化特征分析［J］．贵州大学学报（社会科学版），37（2）：41-50．

马成文，洪宇，2019. 我国区域居民美好生活水平评价研究［J］．江淮论坛（3）：148-152．

马慧强，燕明琪，李岚，等，2018. 我国旅游公共服务质量时空演化及形成机理分析［J］．经济地理，38（3）：190-199．

马克思，恩格斯，2009. 马克思恩格斯文集：第 1 卷［M］．北京：人民出版社.

马克思，恩格斯，2009. 马克思恩格斯文集：第 5 卷［M］. 北京：人民出版社.

马克思，恩格斯，2009. 马克思恩格斯文集：第 9 卷［M］. 北京：人民出版社.

马芒，吴石英，江胜名，2016. 安徽人力资本与经济发展方式动态关系：多维度再检验［J］. 华东经济管理，30（6）：19-24.

马延吉，艾小平，2019. 基于 2030 年可持续发展目标的吉林省城镇化可持续发展评价［J］. 地理科学，39（3）：487-495.

马志帅，许建，2019. 安徽省绿色发展水平评价体系初步研究［J］. 安徽农业大学学报（2）：300-306.

毛中根，孙豪，2015. 中国省域经济增长模式评价：基于消费主导型指标体系的分析［J］. 统计研究（9）：68-75.

蒙莎莎，张晓青，张玉泽，等，2017. 山东省县域经济空间格局演变及驱动机制研究［J］. 华东经济管理，31（12）：27-34.

裴长洪，赵伟洪，2019. 习近平中国特色社会主义经济思想的时代背景与理论创新［J］. 经济学动态（4）：102-110.

彭宜钟，童健，吴敏，2014. 究竟是什么推动了我国经济增长方式转变？［J］. 数量经济技术经济研究（6）：20-35.

蒲晓晔，赵守国，2010. 关于近年来经济发展方式转变研究的观点述评［J］. 西北大学学报（哲学社会科学版），40（2）：30-33.

齐建国，2010. 用科学发展观统领经济发展方式转变［J］. 财贸经济（4）：5-12.

秦中春，2016. 城乡一体化发展：面向未来的国家战略［J］. 人民论坛·学术前沿（8）：6-17.

人民日报评论员，2017. 坚持习近平新时代中国特色社会主义经济思想——论贯彻落实中央经济工作会议精神［N］. 人民日报，2017-12-22.

任保平，2018. 新时代中国经济从高速增长转向高质量发展：理论阐释与实践取向［J］. 学术月刊（3）：66-74.

任保平，郭晗，2013. 经济发展方式转变的创新驱动机制［J］. 学术研究（2）：69-75，159.

任永泰，王婧，孙阿梦，2018. 区域农业经济发展水平与转变方式研究与评价［J］. 江苏农业科学，46（14）：334-339.

申田，马强文，严汉平，2018. 经济发展方式转变的基本逻辑探讨［J］. 西北大学学报（哲学社会科学版），48（1）：106-112.

石景云，2001. 现代经济增长理论的演进［J］. 经济评论（3）：3-5.

史晋川，黄良浩，2011. 总需求结构调整与经济发展方式转变［J］. 经济理论与经济管理（1）：33-49.

世界环境与发展委员会，1997. 我们共同的未来［M］. 长春：吉林人民出版社.

舒季君，徐维祥，2015. 中国"四化"同步发展时空分异及其影响机理研究［J］. 经济问题探索（3）：50-57.

孙根年，杨亚丽，2014. 2.0 版中国旅游恩格尔系数构建及时空变化研究［J］，人文地理，29（3）：121-127.

孙涵，申俊，彭丽思，等，2016. 中国省域居民生活能源消费的空间效应研究［J］. 科研管理（12）：82-91.

孙久文，2018. 论新时代区域协调发展战略的发展与创新［J］. 国家行政学院学报（4）：109-114.

孙梦阳，尹进文，徐菊凤，2018. 我国入境旅游市场时空演变及其特征研究——基于国际对比的视角［J］. 资源开发与市场，34（2）：286-291.

谭崇台，2008. 发展经济学概论［M］. 2 版. 武汉：武汉大学出版社.

唐海燕，李秀珍，2018. 加快转变我国对外经济发展方式的战略思考［J］. 华东师范大学学报（哲学社会科学版），50（4）：139-145，176.

唐建荣，房俞晓，等，2018. 产业集聚与区域经济增长的空间溢出效应研究［J］. 统计与信息论坛，33（10）：56-65.

唐龙，2012. 深化收入分配制度改革 推进经济发展方式转变［J］. 经济纵横（1）：46-54.

唐晓华，陈阳，2017. 中国装备制造业全要素生产率时空特征——基于三种空间权重矩阵的分析［J］. 商业研究（4）：135-142.

田涛，2014. 我国经济发展方式转变测评体系构建及其分析［J］. 山东工商学院学报，27（6）：6-11.

田相辉，张秀生，2013. 空间外部性的识别问题［J］. 统计研究（9）：

94-100.

王佳宁，罗重谱，2017. 新时代中国区域协调发展战略论纲［J］. 改革（12）：52-67.

王金营，唐天思，2018. 京津冀劳动力供给及经济发展方式转变下的需求研究［J］. 人口与经济（6）：1-11.

王立国，赵婉妤，2015. 我国金融发展与产业结构升级研究［J］. 财经问题研究（1）：22-29.

王珊珊，2018. 生态文明建设思想引领中国经济发展方式转变分析研究［J］. 环境科学与管理（4）：158-161.

王绍博，郭建科，2017. 我国城市整体交通运输流发展的时空演化及其空间关联性分析［J］. 干旱区资源与环境（2）：43-49.

王文森，2007. 变异系数——一个衡量离散程度简单而有用的统计指标［J］. 中国统计（6）：41.

王小鲁，樊纲，余静文，2017. 中国分省份市场化指数报告（2016）［M］. 北京：社会科学文献出版社.

王学义，曾永明，2013. 中国川西地区人口分布与地形因子的空间分析［J］. 中国人口科学（3）：85-93.

王亚平，曹欣欣，程钰，等，2019. 山东省污染密集型产业时空演变特征及影响机理［J］. 经济地理（1）：130-139.

王业强，梁阁，2016. 区域科技创新能力评价与空间格局演变［J］. 发展研究（4）：34-40.

卫洪建，杨晴，李佳硕，等，2019. 中国农作物秸秆资源时空分布及其产率变化分析［J］. 可再生能源，37（9）：1265-1273.

魏敏，李书昊，2018. 新常态下中国经济增长质量的评价体系构建与测度［J］. 经济学家（4）：19-26.

魏书杰，2011. 我国转变经济发展方式的评价与策略研究［D］. 哈尔滨：哈尔滨工程大学.

魏旭，2018. 唯物史观视阈下"供给侧结构性改革"的理论逻辑［J］. 社会科学战线（4）：20-26.

文魁，祝尔娟，叶堂林，等，2014. 京津冀发展报告（2014）［M］. 北京：社会科学文献出版社.

吴军，魏安喜，2018. 区域经济空间相关性的趋势分析及影响因素［J］. 经济经纬（1）：1-7.

吴卫红，李娜娜，张爱美，等，2017. 我国省域创新驱动发展效率评价及提升路径实证研究［J］. 科技管理研究（5）：63-69.

武国友，2018. 建设现代化经济体系——党的十九大报告关于转变经济发展方式的新思路与新亮点［J］. 北京交通大学学报（社会科学版）（1）：16-20.

习近平，2017. 习近平谈治国理政：第2卷［M］. 北京：人民出版社.

习近平，2014. 十八大以来重要文献选编［M］. 北京：中央文献出版社.

习近平，2016. 习近平总书记系列重要讲话读本［M］. 北京：人民出版社.

习近平，2017. 决胜全面建成小康社会　夺取新时代中国特色社会主义伟大胜利［M］. 北京：人民出版社.

习近平，2018. 总书记谈学习贯彻十九大精神　时代是出卷人，我们是答卷人，人民是阅卷人［J］. 人民周刊（2）：10-11.

夏东民，2010. 自主创新与经济发展方式转变［J］. 毛泽东邓小平理论研究（3）：21-25.

肖翔，2017. 改革开放以来党协调区域发展战略的历史演变与启示［J］. 中国特色社会主义研究（5）：26-32.

肖尧，杨校美，曾守桢，2017. 劳动力成本、投资效率与工业经济发展方式转变［J］. 财经科学（3）：40-51.

肖祎平，杨艳琳，宋彦，2018. 中国城市化质量综合评价及其时空特征［J］. 中国人口·资源与环境，28（9）：112-122.

肖周燕，2019. 中国高质量发展的动因分析——基于经济和社会发展视角［J］. 软科学，33（4）：1-5.

徐洁，华钢，胡平，2010. 城市化水平与旅游发展之关系初探——基于我国改革开放三十年的时间序列动态计量分析［J］. 人文地理，25（2）：85-90.

徐维祥，刘程军，江为赛，等，2016. 产业集群创新的时空分异特征及其动力演化——以浙江省为例［J］. 经济地理，36（9）：103-110.

许欢，2018. 长江经济带发展方式转变能力的评价及其影响因素研究［D］. 长沙：湖南大学.

薛贺香，2012. 河南省经济发展方式转变影响因素实证分析 [J]. 商业时代 (3)：133-134.

薛在军，马娟娟，等，2013. ArcGIS 地理信息系统大全 [M]. 北京：清华大学出版社.

阎坤，于树一，2008. 影响经济发展方式转变的因素分析：各国实践及经验 [J]. 涉外税务 (3)：8-12.

杨根乔，2019. 论习近平以人民为中心的新发展理念 [J]. 当代世界与社会主义 (2)：93-99.

杨晶晶，2010. 河北省经济发展方式转变的评价体系研究 [D]. 保定：河北大学.

杨冕，王银，2017. 长江经济带 PM2.5 时空特征及影响因素研究 [J]. 中国人口·资源与环境 (1)：91-100.

杨淑华，2009. 我国经济发展方式转变的路径分析——基于经济驱动力视角 [J]. 经济学动态 (3)：30-33.

姚尧，李江风，童陆亿，等，2017. 中部 3 省城市建设用地功能时空演化特征 [J]. 长江流域资源与环境 (10)：1564-1574.

姚姿臣，2018. 区域经济发展方式转变进程评价及路径探索——基于长江经济带 11 省 2003—2015 年的经验数据 [J]. 经济地理，38 (3)：46-52.

殷功利，2018. 中国对外开放、要素禀赋结构优化与产业结构升级 [J]. 江西社会科学，38 (10)：110-114.

于学东，2007. 经济增长方式与经济发展方式的内涵比较与演进 [J]. 经济纵横 (24)：84-86.

余利丰，2019. 资源环境约束下我国经济增长的源泉与动力研究 [J]. 江汉学术 (2)：83-90.

禹诚，2014. 我国省域经济发展方式转变的绩效评价及其空间关联效应研究 [D]. 长沙：湖南大学.

约瑟夫·斯蒂格利茨，布鲁斯·格林沃尔德，2017. 增长的方法：学习型社会与经济增长的新引擎 [M]. 北京：中信出版社.

约瑟夫·熊彼特，2006. 经济发展理论 [M]. 叶华，译. 北京：九州出版社.

曾艺，韩峰，刘俊峰，2019. 生产性服务业集聚提升城市经济增长质量了吗？［J］．数量经济技术经济研究（5）：83-99.

曾铮，安淑新，2014．地方转变经济发展方式评价指标体系研究［J］．当代经济管理，36（12）：1-13.

詹新宇，崔培培，2016．中国省际经济增长质量的测度与评价——基于"五大发展理念"的实证分析［J］．财政研究（8）：40-52.

张改素，王发曾，康珈瑜，等，2017．长江经济带县域城乡收入差距的空间格局及其影响因素［J］．经济地理（4）：42-51.

张光辉，2011．经济发展方式转变的逻辑内涵［J］．现代经济探讨（8）：18-22.

张国俊，王珏晗，庄大昌，2018．广州市产业生态化时空演变特征及驱动因素［J］．地理研究，37（6）：1070-1086.

张莉，王曦，才国伟，等，2013．减少错配，促进广东经济发展方式转变［J］．南方经济（12）：86-88.

张连辉，赵凌云，2011．改革开放以来中国共产党转变经济发展方式理论的演进历程［J］．中共党史研究（10）：66-77.

张鹏丘，2012．我国区域间经济溢出效应评价及机制研究［M］．北京：中国社会科学出版社.

张习宁，2012．中国宏观经济的投资效率分析［J］．海南金融（3）：4-7.

张旭．从转变经济发展方式到供给侧结构性改革［J］．经济纵横（3）：28-33.

张学良，2012．中国交通基础设施促进了区域经济增长吗？——兼论交通基础设施的空间溢出效应［J］．中国社会科学（3）：60-67.

张雅杰，闫小爽，张丰，等，2018.1978—2015年中国多尺度耕地压力时空差异分析［J］．农业工程学报，34（13）：1-7.

张蕴萍，2017．转变经济发展方式的理论探索与现实对策［J］．山东社会科学，2009（11）：119-121.

张占斌，钱路波，2018．习近平新时代中国特色社会主义经济思想的学理逻辑［J］．国家行政学院学报（6），37-41，187.

赵放，刘一腾，2019．区域经济发展影响因素的效应差异研究——基于中国四大经济区域的面板数据分析［J］．福建师范大学学报（哲学社会科学版）（3）：41-50.

赵宏波，马延吉，2014. 老工业基地区域经济差异时空演变及驱动机制研究——以吉林省中部地区为例〔J〕. 中国科学院大学学报，31（2）：188-197.

赵建，程睿智，2019. 中国经济波动被"熨平"了吗？——现象、机理与影响〔J〕. 济南大学学报（社会科学版），29（2）：102-114.

赵建军，2012. 人与自然的和解："绿色发展"的价值观审视〔J〕. 哲学研究（9）：28-46.

赵连君，2018. 新时代我国社会主要矛盾转化的内在逻辑〔J〕. 理论探讨（6）：18-23.

赵文军，于津平，2018. 贸易开放、FDI与中国工业经济增长方式——基于30个工业行业数据的实证研究〔J〕. 经济研究，12（8）：18-31.

赵彦云，刘思明，2011. 中国专利对经济增长方式影响的实证研究：1988—2008年〔J〕. 数量经济技术经济研究（4）：34-48.

中共中央党校（国家行政学院）经济学教研部课题组，2019. 中国经济发展方式转变综合评价指数研究〔J〕. 行政管理改革（1）：35-43.

中共中央文献研究室，2017. 习近平关于社会主义生态文明建设论述摘编〔M〕. 北京：中央文献出版社.

中共中央文献研究室，2017. 习近平关于社会主义经济建设论述摘编〔M〕. 北京：中央文献出版社.

周宏春，2018. 习近平生态文明思想的八大原则〔J〕. 求是（7）：49-50.

周宏春，江晓军，2019. 习近平生态文明思想的主要来源、组成部分与实践指引〔J〕. 中国人口·资源与环境，29（1）：1-10.

周黎安，2007. 中国地方官员的晋升锦标赛模式研究〔J〕. 经济研究（7）：52-61.

周强，朱兰，2017. 供给侧改革、经济发展方式与投资驱动模式转变〔J〕. 现代经济探讨（3）：19-23.

周叔莲，刘戒骄，2008. 如何认识和实现经济发展方式转变〔J〕. 理论前沿（6）：5-9.

周跃辉，2018. 习近平新时代中国特色社会主义经济思想的理论特征与逻辑框架研究〔J〕. 经济社会体制比较（3）：12-18.

朱婧，孙新章，何正，2018. SDGs框架下中国可持续发展评价指标研究〔J〕. 中国人口·资源与环境，28（12）：9-18.

邹一南，赵俊豪，2017. 中国经济发展方式转变指标体系的构建与测度 [J]. 统计与决策（23）：36-39.

ACEMOGLU D, EGOROV G, SONIN K, 2015. Political economy in a changing world [J]. Journal of political economy, 123 (5): 1038-1086.

ANDRES M P, MIEHAEL P. W, 2002. Use of spatial statistics and monitoring data to identify clustering of bovine tuberculosis in Argentina [J]. Preventive veterinary medicine (56): 63-76.

ANSELIN L, 1988. Spatial econometrics: Methods and models [M]. Kluwer: Dordrecht Academic: 1-13.

ANSELIN L, 1998. Exploratory spatial data analysis in a geocomputational environment [R]. New York.

ANSELIN L, REY S J, 1991. Properties of tests for spatial dependence in linear regression model [J]. Geographic analysis (23): 112-131.

BARRO R J, 2002. Quantity and quality of economic growth [J]. Working central bank of Chile (10): 1-39.

BAUMONT C, ERTUR C, GALLO J, 2010. Spatial analysis of employment and population density: The case of the agglomeration of Dijon 1999 [J]. Geographical analysis, 36 (2): 146-176.

BENNY G, 2006. Looking across borders: A test of spatial policy inter-dependence using local government efficiency ratings [J]. Journal of urban economics, 60 (3): 443-462.

CHOW, G, 1993. Capital formation and economic growth in China [J]. Quarterly journal of economics, 108 (3): 809-842.

CLARK EDWARDS, 1981. Spatial aspects of rural development [J]. Agricultural economics research, 33 (3): 11-24.

CUTTER S, BORUFF B J, SHIRLEY W L, 2006. Social vulnerability to environmental hazards [J]. Hazards, vulnerability, and environmental justice: 115-132.

DALY H E, COBB J B, 1989. For the common good: Redirecting the economy toward community, the environment and a sustainable future [M]. Boston: Beacon Press.

DICLO, YU ZHANG, 2011. Making sense of China's economic transformation [J]. Review of radical political economics, 43 (1): 33-55.

EASTERLIN R A, 1974. Does economic growth improve the human lot? Some empirical evidence [J]. Nations and households in economic growth (5): 89-125.

ELHORS, J P, 2010. Applied spatial econometrics: Raising the bar [J]. Spatial economic analysis, 5 (1): 9-28.

ELHORST J P, 2014. Spatial econometrics: From cross-sectional data to spatial panels [M]. New York: Springer.

ELHORST J P, 2014. Matlab Software for spatial panels [J]. International regional science review, 37 (3): 389-405.

FEDOROV L, 2002. Regional inequality and polarization in Russia [J]. World development, 30 (3): 443-456.

FRIEDMANN J, 1966. Regional development policy: A case study of Venezuela [J]. Urban studies, 4 (3): 309-311.

GARRETSEN H, PEETERS J, 2007. Capital mobility, agglomeration and corporate tax rates: Is the race to the bottom for real? [J]. CESifo economic studies, 53 (2): 263-293.

GETIS A, ORD J K, 1992. The analysis of spatial association by the use of distance statistic [J]. Geographical analysis (24): 189-206.

GHEORGHE Z, ZIZI G, 2014. A new classification of Romanian counties based on a composite index of economic development [J]. Annals of the University of Oradea economic science, 23 (1): 217-225.

GIOVANNI M, GIANFRANCO P, 2012. SPLM: Spatial panel data models in R [J]. Journal of statistical software, 47 (1): 1-38.

GOLETSIS Y, CHLETSOS M, 2011. Measurement of development and regional disparities in Greek periphery: A multivariate approach [J]. Socioeconomic planning sciences, 45 (4): 174-183.

GONG J, 2002. Clarifying the standard deviational ellipse [J]. Geographical analysis, 34 (2): 155-167.

GOODCHILD, M F, 2003. The fundamental laws of GIScience. Paper presented at the summer assembly of the university consortium for geographic information science [J]. Pacific grove (6): 25-43.

GRIES T, NAUDE W, 2010. Entrepreneurship and structural economic trans-formation [J]. Small business economics, 34 (1): 13-29.

GRIMES P, KENTOR J, 2003. Exporting the greenhouse: Foreign capital penetration and CO_2 emissions 1980-1996 [J]. World-systems research, 9 (2): 261-275.

HAYAMI Y, OGASAWARA J, 1999. Changes in the sources of modern eco-nomic growth: Japan compared with the United States [J]. Journal of the Japanese and international economies, 13 (1): 1-21.

HIRSCHMAN A O, 1958. The strategy of economic development [M]. New Haven: Yale University Press: 45-47, 69-135, 201-210.

JORGENSON A K, 2007. The effects of primary sector foreign investment on carbon dioxide emissions from agriculture production in less-developed countries, 1980-1999 [J]. International journal of comparative sociology, 48 (1): 29-42.

JOSÉ ANTONIO RODRÍGUEZ MARTÍN, MARíA DEL MAR HOLGADO MOLI-NA, 2012. An index of social and economic development in the community's objective-1 regions of countries in Southern Europe [J]. European planning studies, 20 (6): 1059-1074.

KARAHASAN B C, LO'PEZ - BAZO E, 2013. The spatial distribution of human capital: Can it really be explained by regional differences in market access? [J]. International regional science review (4): 451-480.

KIRMAN A, 2016. Complexity and economic policy: A paradigm shift or a change in perspective? A review essay on David Colander and Roland Kuper's com-plexity and the art of public policy [J]. Journal of economic literature, 54 (2): 534-572.

KRUGMAN P, 1993. First nature, second nature and metropolitan location [J]. Journal of regional science, 33: 129-144.

KRUGMAN P, 1994. The myth of Asia's miracle [J]. Foreign affairs, 73 (6): 62-78.

LAUREN M S, MARK V J, 2010. Spatial statistics in ArcGIS [C] // FISCHER M M, GETIS A (eds.). Handbook of applied spatial analysis: Software tools, methods.

LEE J, 2013. The contribution of foreign direct investment to clean energy use, carbon emissions and economic growth [J]. Energy policy, 55: 483-489.

LESAGE J P, PACE R K, 2009. Introduction to spatial econometrics [R]. Boca Raton: CRC Press.

LEWIS W A, 1954. Economic development with unlimited supplies of labour [J]. The Manchester School, 22 (2): 139-191.

LI M, 2012. Structural change and productivity growth in Chinese manufacturing [J]. International journal of intelligent technologies and applied statistics, 5 (3): 281-306.

LI Y, WANG X, WESTLUND H, et al, 2015. Physical capital, human capital, and social capital: The changing roles in China's economic growth [J]. Growth & change, 46 (1): 133-149.

LUCAS R E, 1988. On the mechanics of economic development [J]. Journal of monetary economics (22): 783-792.

MCGILIVARY M, WHITE H, 1993. Measuring development-The United National development programme human development index [J] Journal of international development (5): 183-193.

MEADOWS D H, et al, 1972. The limits to growth [M]. Sydney: Universe Books.

MEIJERS E, HOEKSTRA J, LEIJTEN M, et al, 2012. Connecting the periphery: Distributive effects of new infrastructure [J]. Journal of transportation geography, 22: 187-198.

MLACHILA M, TAPSOBA R, TAPSOBA S J A, 2014. A quality of growth index for developing countries: A proposal [R]. IMF working paper: 172.

MYRDAL G, 1957. Economic theory and underdeveloped regions [M]. London: Duekworth.

NELSON R B, 2002. Institutions into evolutionary growth theory [J]. Journal of evolutionary economics, 12 (1/2): 17-28.

O'BRIEN K L, LEICHENKO R M, 2000. Double exposure: Assessing the impacts of climate change within the context of economic globalization [J]. Global environmental change, 10 (3): 221-232.

PALIWAL R, GEEVARGHESE G A, BABU P R, et al., 1999. Valuation of landmass degradation using fuzzy hedonic method: A case study of national capital region [J]. Environmental & resource economics, 14 (4): 519-543.

PERROUX F, 1955. A note on the notion of growth pole [J]. Applied economy (1): 307-320.

PORTER J R, PURSER C W, 2008. Measuring relative sub-national human development: An application of the United Nation's human development index using geographic information systems [J]. Journal of economic & social measurement, 33 (4): 253-269.

PORTER M E, 1990. Clusters and the new economics of competition [J]. Harvard business review , 76 (6): 252-260.

QU Y, LIU Y, 2017. Evaluating the low-carbon development of urban China [J]. Environment development and sustainability, 19 (3): 939-953.

ROMER P M, 1986. Increasing returns and long-run growth [J]. Journal of political economy, 94 (5): 1002-1037.

ROSTOW W W, 1960. The stages of economic growth [M]. Cambridge, Mass.: Cambridge University Press.

ROSTOW W W, 1993. Theorists of economic growth from David Hume to the present [M]. Oxford: Oxford University Press.

SCHWAB K, 2018. The global competitiveness report 2017-2018 [R].

SOLOW R M, 1957. Technical change and the aggregate production function [J]. The review of economics and statistics, 39 (8): 312-318.

SOLOW R M, 1962. Technical change, capital formation, and economic growth [J]. American economic review , 52 (3): 76-86.

SOLOWR M, 1956. A contribution to the theory of economic growth [J]. Quarterly journal of economics, 70 (2): 65-94.

SWANT W, 1956. Economic growth and capital accumulation [J]. Economic record, 32 (11): 334-361.

TOBLER W R, 1970. A computer movie simulating urban growth in the Detroit region [J]. Economic geography, 46 (Supp 1): 234-240.

UN, 2015. Transforming our world: The 2030 agenda for sustainable development [R]. New York: United Nations.

UN, 2017. Sustainable development goals report 2017 [R]. New York: United Nations.

UNDP, 2002. Human development reports [R]. New York: Oxford University Press: 141-162.

UNSCD, 1996. Indicators of sustainable development: Framework and methodologies [R]. New York: United Nations.

WONG D W S, 1999. Several fundamentals in implementing spatial statistics in GIS: Using centrographic measures as examples [J]. Geographic information sciences (2): 163-173.

WORLD BANK, 2000. Development report of the 2000 year [M]. Washing D. C: The Worl Bank Press: 6-110.

WU K, SHI J, YANG T, 2017. Has energy efficiency performance improved in China? Non-energy sectors evidence from sequenced hybrid energy use tables [J]. Energy economics (67): 169-181.

YAO Z, 2015. Productivity growth and industrial structure adjustment: An analysis of China's provincial panel data [J]. Chinese economy, 48 (4): 253-268.

YU L, HE Y, 2012. Energy consumption, industrial structure, and economic growth patterns in China: A study based on provincial data [J]. Journal of renewable and sustainable energy, 4 (3): 1287-1298.